前田育徳会尊経閣文庫編
尊経閣善本影印集成
62

小右記 七

寛仁三年春夏秋冬

八木書店

例　言

一、『尊経閣善本影印集成』は、加賀・前田家に伝来した蔵書中、善本を選んで影印出版し、広く学術調査・研究に資せんとするものである。

一、本集成第八輯は、平安古記録を採りあげ、『小右記』『水左記』『台記』（『宇槐記抄』・『台記抄』・『宇槐雑抄』）の三部を十一冊に編成、収載する。

一、加藤友康（明治大学）・尾上陽介（東京大学史料編纂所）の両氏が、本集成第八輯の編集委員を担当した。

一、本冊は、本集成第八輯の第七冊『小右記』七として、原本三十七巻のうち、甲巻二十二・乙巻五・甲巻二十三・甲巻二十四・甲巻二十五の五巻を収め、カラーで製版、印刷した。

一、料紙は第一紙、第二紙と数え、本文図版の下欄、各紙右端にアラビア数字を括弧で囲んで、⑴、⑵のごとく標示した。

一、本冊の冊尾に、所収書目の書誌的事項を加藤友康氏執筆により「附載」として掲載した。「附載」の末尾に、表紙・本文・補紙・軸の法量表を前田育徳会尊経閣文庫の計測により掲載した。

一、本書の解説は、『小右記』九に収載する。

平成三十年五月

前田育徳会尊経閣文庫

目次

甲巻二十二

寛仁三年春

小右記
寛仁三年春
二十二

小右記
寛仁三年春
二十二

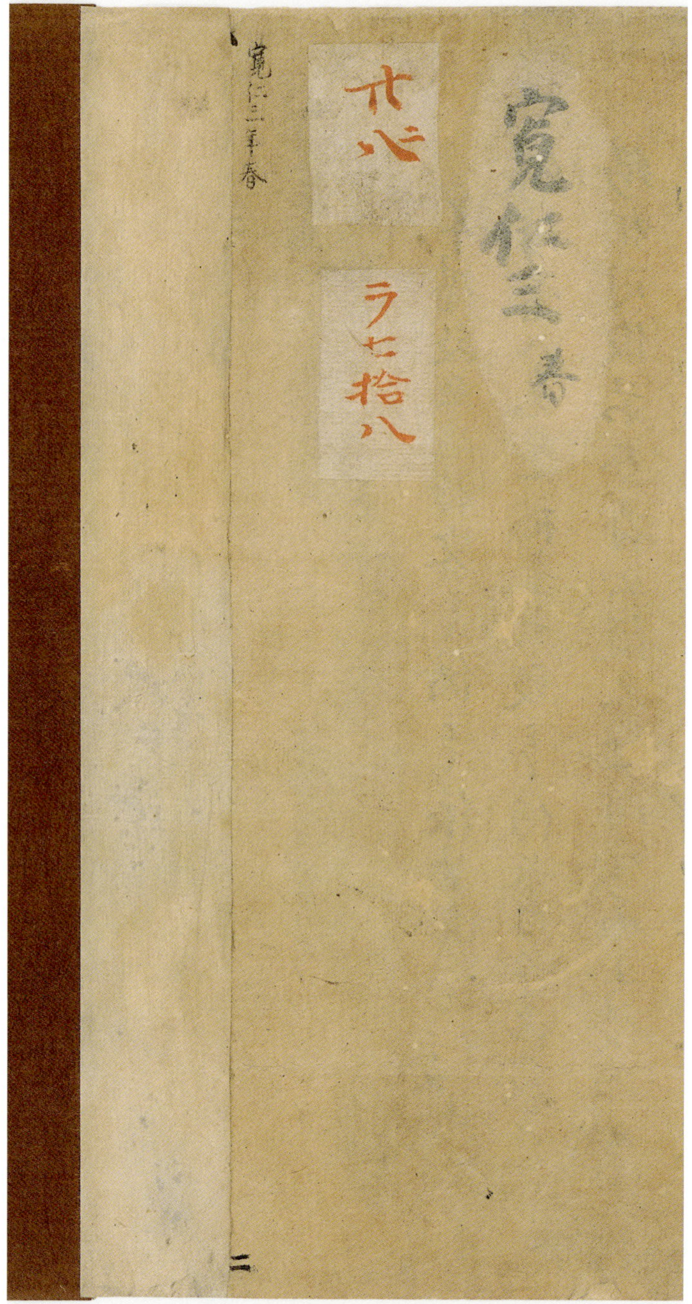
寛仁三年春
ラ七拾八

正月

同三年正月一日己未　四方拝云々

（朱）臨時客事　頼―

今年摂政並臨時客々々備云々　依世近変　二条末

刻許参入　先是被参大殿（朱）道―　云々　仍参向　参上殿上

卿相同参　前大二府出従大盤所　世府上被催御

薬　已及黄昏　左大臣参入　前太府婦入　以右大将被（朱）教通

呼下官奉沼（宛向）命云　太后宮云上達部悉謁

宗雅卿年来無不来之一卿　給爵料云々　之一其家司

卿等老中云更可不思仰至極恐悦踏舞之御

給多悦恩顧深須臨叙位朝可蒙之云々

還殿上　次摂政出自大盤所被依殿上従御薬

徒撤畫御府主御侍子前府右馬頭資子下殿

同下官之一之若御之勧盃雖極不覚例若

振覚給摂政并左大臣之前依射場殿邊摂政

（朱）節会事　依式部卿親王薨日近無出御

以義人以従道之参下中納言頼宗（?）之勅部仍摂

政并左大臣以下殿上侍臣等列御前　上達部一列　侍従一列

拝舞退出　前大府依御念誦　右大臣以下向左仗白御殿

御簾不下出御云々　依式部卿親王薨日

是日兼和五年例　於大臣之内宴御座之時往来

日来有不労相扶参入早之退出　大臣之可奏

日来有不予相扶参入早〃退出之状太后〃可奏
可申参者可付内侍可申也頭弁参以此事即以済通
朝臣被奏也此間左大臣引陣下宰已下出自敷
政門向外弁烏曹司東階已上壇上達部行立之間
有南階仍入自南方又烏曹司内至板敷仍立
尤乎二時度子一時太不便也去年不参問
少許有板敷而今日無板敷壊渡欤是之言上達
部着靴之間大外記文信候靴不於東対南
従遂不尋者仍取右兵衛督靴着之云々信
無靴不立列而雨仍上達部不立之情従底内着
外弁座上宣下座之後立宜陽殿内余以召使令取
下式筥召外記〃〃順孝参進問大舎人中務侍
従并不申之由仰云此間開門已大舎人候唯少
納〃言信通従宜陽殿参進余已下起座列立兼明
門東腋宜陽殿内則是外弁座宜陽殿也小納言立兼門
門壇良久不帰者以召使令見申云依宣命史
就版位者諸卿云已雨時降従敷用晴儀者
今日雨時頗止仍諸卿更降自壇上至左兵衛陣
東頭小納言退出伝召諸卿次第参入就標
侍従一人不見此間小雨大夫儀式謝座謝酒礼
既畢作法如常者参上諸卿着座了余召
退下大納言公任卿相次退下召外記因儀
侍有所労退出之由公任卿相共引従門〃同

依有所労退出、而公任卿相共引従門々間
左大臣退出、内弁事被差之、漢按察大納言之替
卿ノ左雨脚滂沱、退出之間甚以不便 一入令
参入、諸卿揖、政左大臣大殿、之参後、右中納言敬通
経房頼宗、能信之、成参議通方云々、依 之々 上卿不参 退出
通任、右三位中将、兼経参議資平
翌日聞、昨日内弁依諸卿相々宣命見参退還
下付内侍、々々不出御々之時、退御所之後、猶依無懸
御簾御出之時、退簾下付内侍、々染相府口傳懸
御簾之間、依奏事参進、簾下令内侍奏之、是出
御之時也、此儀頗似不被聞、清慎公記也

大殿拝礼事
同三年正月二日庚申、早旦参相来之、昨日揖次以下
家子下為上達部、諸大夫於大殿有拝礼、揖
政職以下甚多、尤可列立、諸大夫等可不可為差別
了左拝礼了、来到諸卿参前大府左宮（頭光）故参之人拝
立左右、次二行 揖政及家子行 相不列 殿上人政拝礼両対
前庭、後饗饌唐庇、后上人庭中酒食、殿上人
白清食、次酒闌、有引出物 馬二疋、政度殊 嘉似軽等云 太閤及殿
同車 唐車 揖政以下相従、参内、用陽明門 大閤車 主門御 光

中宮拝礼事　飛香舎
参上殿上、次太閤相引被参太后御方 御後宮座 房北
饗饌儲明日、了、向拝観太后之礼之、揖政左右
大臣以下侍従 殿上人之 参中宮 飛香舎 同拝礼、次参東

…后宮拝礼事

中宮拝礼事 飛香舎
東宮拝礼事

饗饌依例、日一方拝観太后之礼了、摂政左右
大臣已下侍従、殿上人已下参中宮 飛香舎、有拝礼、次参東
宮拝礼如中宮 先東下来、殿上雲地上拝、温明殿大臣、余向中宮 / 初有大饗、依不坐拝礼、公卿立渡、其後
設 拝礼之間大臣 / 於御前宴座事 右大臣已下着中宮大饗 玄輝門 / 西廊 二献了
居餛飩 二献後居飯汁物 以下若干献 用土器盃
二宮大饗無音楽事 依式部卿親王薨也
次給禄、次着東宮大饗 尼門 / 東廊 其儀如中宮、皆無音
楽、依式部卿親王薨、中宮東宮御服也、依康保三
年例所被行也、子細見彼年十二月御記、着座人々宮
相方被召下、大略中ノ見去年十二月暦記、此間余之
間、先参会皇太后宮、従彼一々参大内、依一方拝
観之事、先東宮大饗成剋許下ノ退出、今日無
法[illegible]所

三日、午剋以弁 経通 書状云、今日二方拝観之礼
ノ可有其間、下官不着、摂政以雨三下余被云去年
御元服日有拝観、以一ノ依其儀止、至于重下中
宮太后ノ従彼命、小時来云見清通記、一有御
贈物、扈従人禄、先余参云、御贈物禄、於大下先太
后御在別宮時行幸之例也、非宮中下、後
又之、朔中摂政立之、御拝所被物帛下中
大殿命云、中宮所設御元服之時御拝数 料帛
依於宮以彼可被用也、先来到許参皇后宮前
太府摂政及諸卿先被参也、於太府摂政被問

太府摂政及諸卿先是被参也、蒔太府摂政被同
拝覲、同乃称可示余中之件事、極不知[illegible]
是上天暦七年御記云、三日癸、弘徽殿東廂太后其
外西方上之、先之清涼記御出宮内之間、仍下西廂南
同之寂我乃上之、天慶太府之美手二年太后御記
云、弘徽殿上人、称充余、令就此御記、童帝
初拝覲、仍有称乃、後太事御元服日者拝覲更
不可初（申）覲、次太府甘心、尋入給御簾内、摂政云々
摂政大閤之道後中納言、敦通依傍諸任更御参議宣
隆遠方云信通作太三位中将無任参議修之
着殿庄
尚三盃後、諸卿立座、蒔太府出自簾中、相率
諸卿被奉内、諸卿依殿上、先是中宮大夫斉信
祗候、小時右大臣参入、着西又帯、摂政 及日暮之比
勒拄已退也
参給、左（大）右御所、弘徽殿 右 御前御記示賛依陳寺
命大閤之已上、及御傍親昵相依御其御[illegible]
長遠左大臣依弘徽殿南戸口候 諸卿之下十六人、三人白
大閤之示暫候打指於御簾中有御拜 奔営左大臣之
　　　　　　　　　　　　　　　　　　　　　称御方 着禄 蒔
太府独候簾中、摂政以下依東行庭有上達部
殿上人、饗畢三巡後、章燭召退御昵相如之依
御苦暫依雲上退出
四日壬戌、資平相来云、参東寺国忌、晩昏婦来云、国忌
如裁、興読了不参、外記外事参入之人更不参也
依行一方行香云々
国忌事

僧行一方行香云々
五日、参前太府、守相兼事、後以源中納言〈経房〉
令申太后御給爵事、〈今般至可叙之人也〉者、而労不足
相遂者、大納言逢参入、我而申不被相謁之由
着年三日、猶不見従明年可謂人々一
度許可参内者、参内召大臣、〈右〉伝被陳参〈之〉
相示云、只今欲下肥前守内任肥後守忠孝之許
文〈也状〉、而後之来入、至今下薦不下之下官、可了者
答云、停止之間、只早可被令申、又可料云々
右大弁〈道方〉者僧甚可之、気須見之省奥在中
文史度此之後、可着南座、而兼着参入之由令
之、仍直以着南座大納言召任着座次申文之人、史
度此、左大弁着陣座、其儀如恒、申文又同〈球中〉〈中方申〉
鈎七文二人〈鈎也、肥前〉　下了起座、参取最後相逢女房
兼肥後給爵介国
之以令相合　之宿御給爵之恐給之、状記度之時
取参内
蒙参入之由、今不忘生之恩、当御方之一女房云
被時参入、当時不参不知世人所思食也云々
参橘政御宿所、〈源宗金〉、即奉謁、次又今日可叙位
之御所可作左也、大外記文義、指左大将御消息
也、参至一上、以蔵人有別仰、参入者也、可待
彼仰之橘政云々、文義已指中具由何

叙位事

被仰云、摂政之文義已指申息也、何宜以残
人々申消息乎、此間及黄昏、仍召外記順孝令
遣摂政御車、帰後婦参云、依前御消息不可
参入、已臨昏黒之解事紫来、遣書示驗了、仍不
了参云、摂政頗亭至極、至于至指所不了、被参
政従同時之、至指消息、披召一々見云、余申之呼
書状陣、大納言〈道綱 斉信 公任〉一々被議定、又以外記
了被勘大納言行叙位之例、被指大納言不見参入
召文義被勘申例、彼是之間、錯無其跡不一二
被遣行、兼手天受同以大納言被行之、下公任得
余側所覚也、余又申云、摂政已上大臣不〈…〉
大臣被行叙位、摂政及大納言遣甘心有感歎気〈後日文義〉
〈申云、此乃摂政　兼二被感云〉至之不了被仰外記勘申摂政被〈…〉
仍上達部後陣座、召蔵人以左中弁定頼来陣
〈陳寛〉伝摂政御消息〈其詞云古　奉たる〉大納言道綱召外記
仰云、依苦文之由弟起座〈…〉余摂政殿
御宿所其儀如常、弁執苦文、右大弁〈道方〉執筥文
了人〈大納言公任卿云々、以定頼被問　道大納言之、近衛中将起坐〉余依召着大臣座須臾
儀了、召入眼上申例之、叙叙任儀於西方
弼被見了、各々退出、又入眼清宗上参議公任

給披見了、各退出、又入眼前、右府云、参議公信
相伝也
横敷、王氏爵中務卿親王（三条院一宮）
以蔵人令作者、欲甚也、兄弟明親王記者、余
申云、彼親王日記多記他事、件事極不記
畳敷、以蔵人右衛門尉范国、被申中書王
許、被問被仰、未（女裝）　余退出後、引見故殿御記、天
暦九年九月十一日御記云、定申氏爵之宣旨、同
（所）見、但源氏爵故式部卿親王早可定申
事、橘氏爵左兵衛督広明可定申之由、以蔵人
称以口勅仰之、源氏爵事忠蔵人源中明於殿
上家令作、橘氏爵蔵人以相職朝臣作広明
朝臣云々、此見於彼氏記之、蔵人左親慶光
大閤之行、正月叙位事見家平十二年天慶四年同
六年故殿御日記力隣、可尋漏也、又延喜廿年
正月六日御日記云、此日有叙位議、而右大将病
不参入、者使々召、遂不得参入、又者王病眠
尹文公、大閤藤原朝臣又称可患不参、後不参
入往復之間、已及昏時、又十三年、十六年、大臣不参
入、次大閤之奉行、延年未有中閤之、以下行叙位除
目事例、今検前例、又五所見、何停此叙位事令

日下例令捺并例又无所見何傳出叙位下令
右大将藤原頼下卿白也成判公卿未足也
六日甲子以書状并消息大内之後参野（不問被参表之／也仍但前大納言）
還寺明日歸山
七日乙丑　有節會部

節會

同三年正月七日乙丑参内（未剋／相従）先是太大臣参入
即参青宮此間陣以出人仍按察大納言（斉信）相共
参上殿上摂政出自大盤所被候殿上之間頭弁
以蔵人右少弁資業被仰左大臣小时左大臣参入
右大臣令奏上藤参入而摂政云大臣与大臣不可
謂者藤先奏之人一口説也是先日大閤所命也
者仍不被改仰也與右實傳宰相按察向陣
右大臣早出（云〻叙位儀日放障出退之者摂政被命之大／閤日不用外記告之後日下不可告列以頭成之）
告書至前例見之　音楽者至衛府奏未下以資業
右大将窓読也（依日暮并内／今人不参）不可
被奏仰云衛府奏了付内侍可

無音楽事
依式部卿薨日近也

有音楽（筝楽／撰立）依式部卿親王薨日近之也大臣
召外記衛府可奏了付内侍可而不仰音楽
傳此下大臣以取疑傾亭宜儀早出御
南殿（御座／未定）大臣之奏外任奏返給賜外記大臣起
座以著靴還立軒廊内侍臨東階授下名大臣

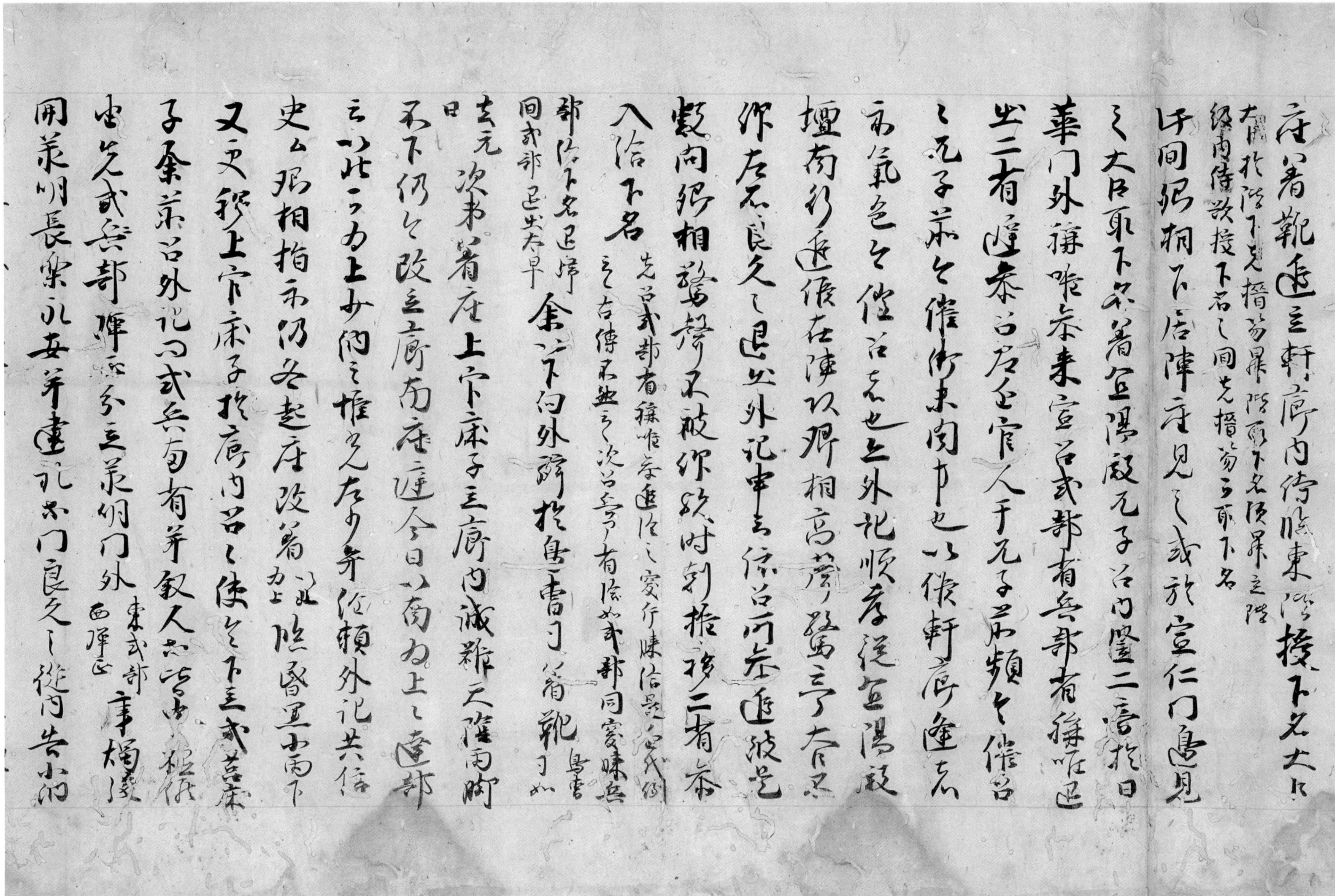

用兼明長楽永安并達礼不門良久之後門告小内
之了参也我二大舍人等稱唯者仍小内之歴壇上
参進余已下起座次第進立壇上少内之傳召次
第入自兼明門東扉経府并春興殿列立宜陽
殿 諸卿不見 大臣宣侍座諸卿謝座了退酒正取
空盞授余謝酒如恒次第参上着座 今仕不立年限 失前例 則康
立宜陽殿 拍手作也 叙人列立兼明門内之作可分立東西廂
之也仍分立両廂 式部東 兵部西 大臣召参議右兵衛督〃〃
公信 右兵衛舎人府 在原朝臣 稱唯参進依叙位宣命復座
大臣已下列立宜陽殿宣命使就宜陽殿版 位
第三 宣制両段群臣毎段再拝 大臣復座 叙拝 宣命使
同
復座次群臣復座次式部補唱位記 兼明門 立座 叙人
位記且出去仍式兵叙人等拝舞後了退出之
也小宰相之傳仰外記叙人等退入次兵部唱位
記了叙人等共拝舞退出此間多失前跡次諸
卿下殿拝舞 親王了復座 拝 次左右大将下立軒
廊左右馬寮進白馬奏右馬頭輔公令中立
元巻中放障不来官奏如何左仰小将監了令
官之由仰扶宣令進白馬奏先加暑返給如元
令挿書杖 遍奏書 令指 右大将云以無不暑如何先奏
奏之先例暑了次之置之例也可依有前例

答云、先御監畢ノ次々畢云々、例也、可依有前例者
奏畢以助了、後御監畢之由兼可仰也、大将返給
之、取以出畢、即持来、左大将取奏、参上、次余参上
留三束廊、右軍就御屏風下、付内侍、退帰、々々同
余歩進、於母屋東間相逢、大臣右将軍左金吾内之時留三束廊相逢左
軍、進奏是、付内侍、挍々右廻、復座、取標、仮任儀
口傳也
中右馬頭保昌不参、中大臣下殿、入奏事由、以右少将
良頼為代、但不度前、敷前只了度清涼殿前之
是大臣可被命也、陣并白馬渡、白馬後教多郡人
走渡、様々立極、但古不見之事也、次供御膳依雨従用西階
一献後被催国栖奏、已不参、左二献了、大臣起座
奏之、後依遣御酒、以資平、仰云、退下、更参上臨南
檻召仰、々々後座大臣退下、於陣座見宣命、見参
作同、三献了、雲儀還御、余蹈、事未了
余退出、随身扶明、持余履、可依遺杖事、是履
向陣、仰頭氏、晴脱靴、召履、其人扶明取晴
於所中、脱履、仍召宮、相履、羅出宮、相作、召靴
退出、同車帰宅子奴許
今日参入法興院摂政依御後左大臣早出、依左大臣来内弁也右大臣
大納言者公任、中納言教通、頼宗、能房、能信、実
成、参議道方、公信、通任、兼隆三位中将、兼経、参議
資平
大臣云、還御後宣命見参札返御屏風下付内侍

大臣〻還御後宣命見参奏聞退御屏風下付内侍
給余、〻退射場殿以蔵人令奏、又大臣〻将
監大夫何召手参〻手七如作司藤原朝臣
御斎会始
八日丙寅、御斎会始、若随身府生已障指外記文
蔵有返昨手禄絹一疋
女王禄
宰相来云、参八省、入夜宰相来云、先参八省、話
御参候外記催若女王禄同云〻
今日受賀人〻多来、雑所労不相逢事、燭後結構
朝臣来、帥愛子之 件朝臣幼少人也、若不相遇悲所
尤有可聞、仍相対談話
御斎会無楽事
御斎会無楽云〻
射場始事
九日丁卯、射場御次悉懸物絹三疋、来立云
院参皇后宮事
宰相来云、依院召参入、臨夜来云、院参皇后
宮、乗御車入陣内、尤可便云〻、新中納言能信
兼理奉仕御、資平并余乗車相従、帰御時
新中納言〻御車後宮中從御車後人〻傾奇
時給次堀川院御 宰相御車西対相府在此対御
息所又在同所云〻
件対懸浄際簾、又其外戸甚見苦故、所
朝臣外又無人、極多恥辱、宰〻不堪還従前
家、請印始 中判
十日戊辰、府生為弥返昨日御次矢数的書長

十日、戊辰、府生為祚遂昨日射、次矢数的者長
守方可去也、的六只分以高為数、
昨日被定蔵人、藤原良任 年官親　秀才并陣頭是 年行親 挍城任
十一日、己巳、興福寺南円堂巻数持来、給使僧禄
元日疏　宰相来云、去夕大殿御身熱悩給也云々、
被
為参被殿退出、又来云、只今参入、左々府参内、
向晩宰相来云、大殿昨日御重労給、御身熱
至今日殊重、然而未能被復尋常、験徒
所被参入也、明旦欲参入、左兵衛督云、君
以使遣朝臣、有損殿、今日参大相府、殊被行
加持
入夜、府生為祚持来手結、前例枚、番官人二人、而
有三人、明旦可給手結、次可除一人、而可混
中将公成、中将良頼等着之、
十二日、庚午、早旦奉前太府、守相乗 車後　相逢新中納言
自一咋擬給御胸　従去夕被 手度右
経任之中納言、云々、仍可参入、旨報旨、源中
納言参会、暫之以清談退出、
手結下賜、後番官人三人之中、前番除(?)作一人、
一人々々、一番昨着了、之将着了、
今日家加供、米卌九石七斗、
今日真手結、番長埦下、五位六位不送、給禄大褂
右近真手結事

右近真手結事

今日真手結也、垣下五位六位等送於禄、大褂
五領、射手并後参官人禄絹六疋、射手官人 後参二人 射手
後参相劣之、禄依濫行、八十三双、射手例禄依作 各減一端、例也
先日差遣於府、来十五日兼成頭、自射場殿来
之後、参官人一人被止、以相劣於政入絹禄、府末
是上口語也、明日可令給之、入夜手結府生為雅
持来、所給禄轄列中也、一口則不知、女方
取一人不自由可

十三日己未、宰相左中弁経通参来、談次、経通云、廿
一日除目始、参来、未三刻、見須於陣、明日上達
部上宣下知也

御斎会始事　可有音楽　始日被停止、謂云々

十四日壬申、大外記文義朝臣来、申前雑事、次云
今日摂政卿云、御斎会始日出音楽事、法師
之薦會議、雖出音楽、至御斎會為供仏、可
被停止歟、今日可有楽也、有被召御所仁言、
雅楽寮申云、元日七日、并薦會已出音楽例
拙所不承、後開直可申来、別評定、八省着床、
前庭之儀、是大内之香信所承儀、無准所参入
小時右大臣、左大臣参入、大臣召外記、令国儀参進
同法可具、不具詞云々、二有参入、午中参入之也
余密云、式部卿正敏、大臣覚元霊、又作之国儀

二〇

余奏云、式部輔正於大臣無気色、又仰云、国儀
史申輔正候也、又被召楽事、申云、今日了者
楽事申可被召仰、仍仰頭弁、寮忽无楽
人等、大臣云、上々云、催仰之由、可成仰之、大臣云
云々、打鐘、於余申云、事漸具者、可行事、又示行
事弁語弁云、左大将来云、只召弁参入於以召使
召弁左中弁経通参進、被仰云、打鐘、中弁奏
納言不出居、乃大臣召之　大納言公任・斉信・教通・俊賢・懐信　中納言頼宗・兼隆・道方・公信・経通
資平　着大極殿座、召国儀被召楽事、申云、雅
楽頭為成去、人参入申云、楽人僅雖参入、諸
人不候者、大臣被示、将相被召之云々、兼人不候
行事者、仍早被催、僧侶参入了、事暫頃
了、僧亦参入、次講読師乗輿参入　講読師　前多用
代官登高座、堂童子着座　法大夫　前書　内舎人不候代可
唱、違例行道、不作法、存例講読師退下、読師
執笏、乞不候、仍筥置量壇上、非云々、可入　如例
復東廊座、少弁兼僧侶、饗事、独後一献云々
信通不着、勝遁
座上被是示、仍着勝衛　次被催中文、左大弁道方
座退出、着堂南座、見中文、後座中中文
大臣諸捐史信賢捧文跪候　南二同壇　大臣目　蔵上　奉左方

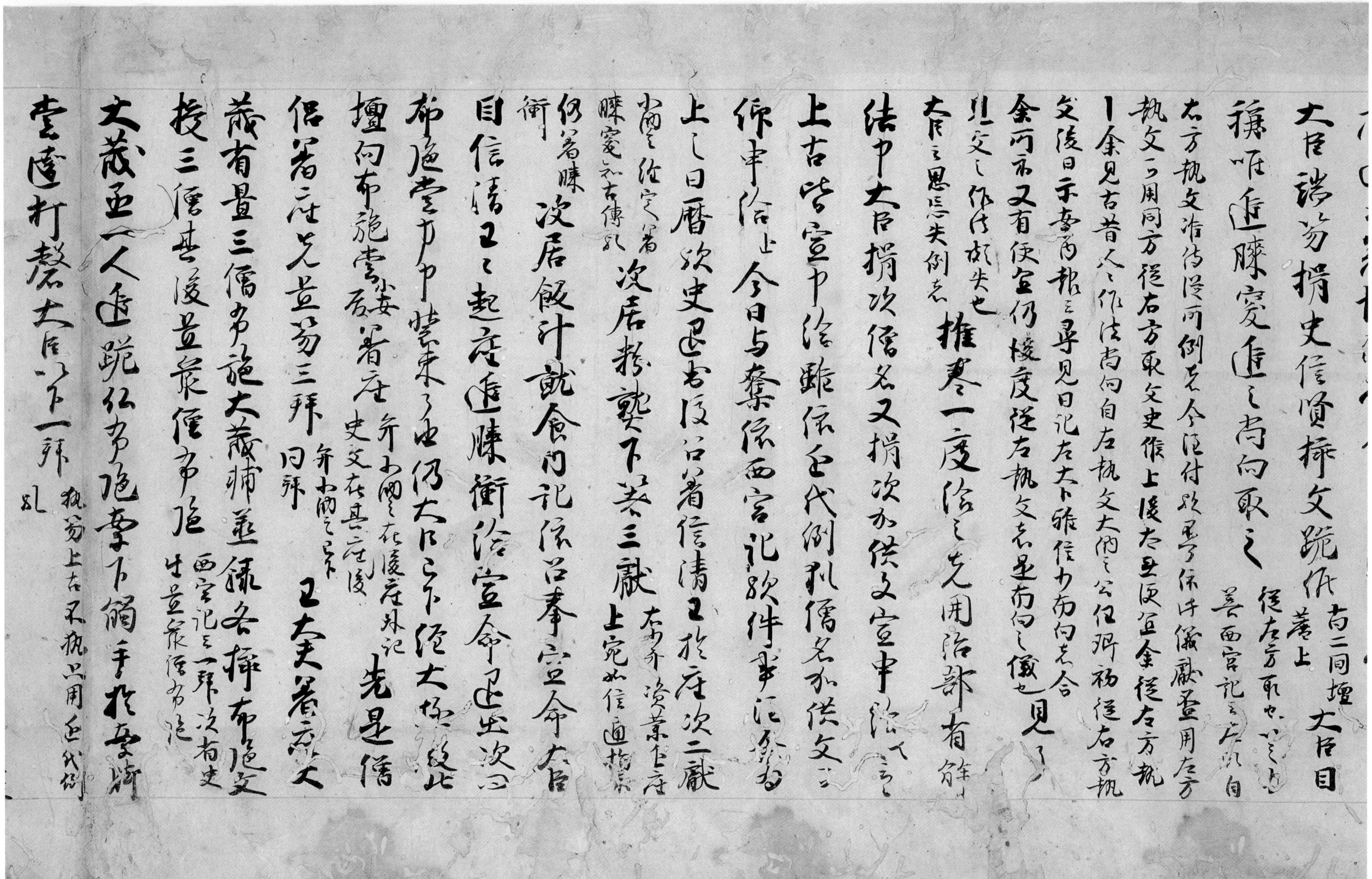

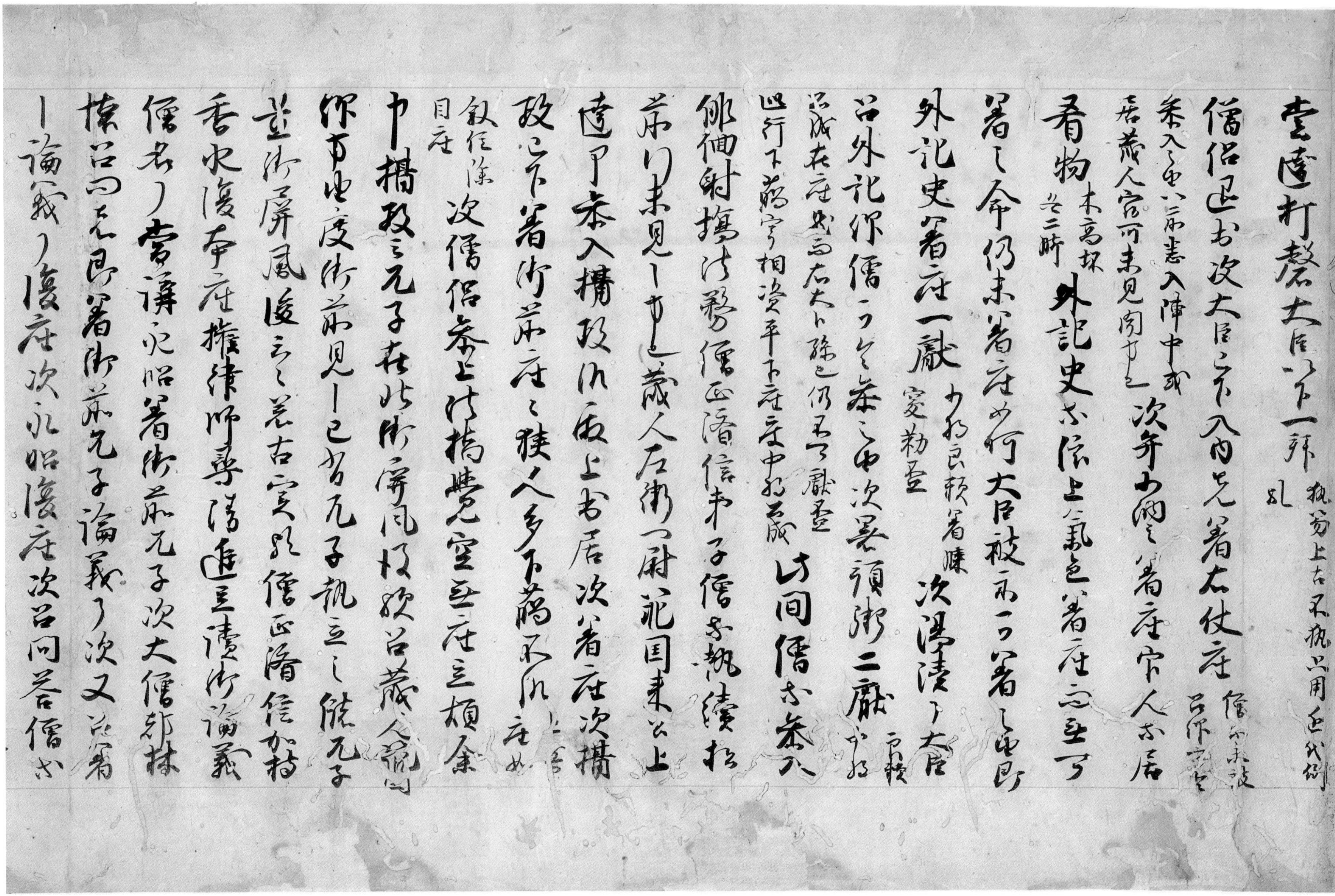

一論義了、後座次弘昭、後座次呂同居僧ヘ
寂後各着仕随喜上達部並若随喜
導師後座掲数三下、次第匠殿上人下机祇
掲数誦役往古不闕掲数及右大下公卿居戸前机
祇者更於戸前授之、余直戸下居、机祇者下居戸内授之、次第
殿上人取祇後之威儀師立座前三布施、次親
者威儀師座　僧侶次第退下、次卿相次士居起
三長揖
四刻事了　左衛門督頼宗卿家焼亡
従内退出、後南方見火、随身保重
参啓、厩馬馳来、帰来云、左衛門督　頼宗　家焼亡云々、為
卿宅　者今宵相同車向火所、或云、従仁乃寸
近衛宅向其宅相逢、金吾之云、仍至左府宮
之間、不示火事、左掲数致地向被帰之間、左
車請令下、其後大殿被臨向相遇帰路
十五日、天晴、為部史生来、令申云、有手結之由、
被障笑相来云、参掲数殿、今日依被供
養仏経之事、無ア手結者、日来治寮馬之
騎前駈今日口付七人給布　各一端、依年首
殊可賜也、口付不又有所申也
十六日、甲戌、史相来云、昨日掲数被修養仏　供仏
経之御月事者、法成院源朝臣大納言信将
以下卿首来入、或朝示、或直示、示之、新中納言
池保将相去采無ア手結宛如散楽坐財者殿
左衛門督手結事

（兵部手結事）
次修理相公参已了、手結宛如散楽、無射者云々、
上人右三参入、然而不射云々、
同三年正月十六日甲戌、今日節會、所有一両労不
参入、甚早、八宰相不来、以弁経通、
（東宮被奉踏歌蔵人）
後聞、東宮被奉踏歌蔵人云々、先例所被行不
被奉也、今日内弁斉信公、經將不退、天内弁
下、之後、召外記、授労外記、取白労、退推容（谷）
度、之見給、或八官人令押、或於所書可急所太
同自押之、未見外記取白労、書入例、押いかゝせむ
め給ん、参上之後、問云、式部陣座ありけむやとて
座于陣座、小忽了、参仕、然而無例不見、兒式
部何日了、参列、宰宣命之人見参之奏、重也奏了
目録之奏、加見参宣命八別之ある様ヲ覚給
了八ひらう覚ヲ、八給つる人節會後座不如昨之報云
於急可之押之例也　出陣労之人、八官人之押　見参、積目録奏
加宣命、之横挿之也
十七日乙亥、宰相来云、昨日節會、未及事、端列
内弁大納言斉信、召外記、国儀参来、給労之押
次第国儀給労、持去陣腋、六位持白労、書入数
政門太見若云々、此間空手行立、未関見ヰ也、先
年又有此様、頼隆経労奔営云々、被時人之
可云々驚也

可言驚也
十七日乙亥、大内記公任朝臣消息云、救助法師学
仁寶石院申云、有東北院借僧闕二人云〻、雖
依此寶石院供奉闕未補、借僧之中専一之人
二口中一人〻闕者、静云律師成秀辞退、借僧早
可爲常住、東北院借僧安慶已及年来、懇望尤切
須補任、成秀替就可被補、院別当等受命、準皇命
又別当云、辞我借僧可被補也者、中納言依請仍
相待二人闕、相並可補〻〻、無相示可、又安受常住
〻〻毎日〻勤、除正月叙穀術忌日〻役、年来不
闕、頗甚不補任〻也、所申尤理、仍相並可補也
安受漸及悪念、力〻必
十八日丙子、早朝宰相来云、大殿御心地宜、呼
邪気所為云〻、今御身被打手足法云〻
十九日丁丑　治録示下見賭射部

昨日射礼事
同三年正月十八日丙子、早朝宰相来云、昨日射
礼違乱、中納言経房参議道方参入、諸将佐
門
不足然而如形行〻非云〻
賭射事　無勝負楽依李部卿事也
今日賭射、有可労不参之由、示遣蔵人、以左中弁
経通〻其後蔵人右少弁資業以内豎示送了

賭射事　無勝負楽依式部卿事也

今日賭射[illegible]
経通了、其後蔵人右少弁資業以内竪示送了
早参之由令申、有所労不能参入、又宰相来
帯来也、言經両上寸白不参由、一々被露之由示
経書状云、申損故了、右大将教通卿参入、一府
大将参入、召何事之召、童召欲参入、仍令仰案
歟、随身等令保消息、不参也、事揖後不労
一度的付達 右勝数二 上二度的付達 右勝数一 三度
的付遣 右勝数二 三度被止之、無勝負楽云々、依故
式部卿宮事也

射遺事

十九日丁酉、宰相来云、昨日依所労、為射遺所、昨日
賭射上達部、名府後已令懸的、大身可留遺
例 的付名府 後懸的例、又云、右大将教通卿、府奏就座
下付内侍、執弓復府、大内之公任卿達、著座下給奏
復座 内臣著座下 名府後射場 次々事不具記

賭射々手給禄事

召射手、亦晩景参来、先召勝數者給禄、次侍者
府生播磨為雅、負數然而以府生召給自餘依
給布、不召者、勝者将監六人部保春、給三疋 例二疋
禄一疋、府生清井正武二疋 王例依 一疋勝禄 番長宇自可吉
勝禄 作者布四端例禄 下毛野公武布二端 例禄給一疋 勝禄
忠 給一疋勝禄
村松正佐伯是武布二端 例禄給一疋 勝禄 村禄同 秦
安倍守近禄同、是武之々有所煩不参、負者府生

安倍守近・藤原同基武等、有所煩不参、府生
播磨為雅絹一疋 例禄 番長伴弘兼布四端 例禄
番長秦武方布四端 例禄 近衛下毛野安行布一端 禄例
例禄有所 煩不参 並依時物等以下賜禄、不例禄外
加布一端、有依時賜禄、於禄者例禄外不論官
人物等近衛不加給絹一疋之由見故殿御記、須
如此記伝、亦依只物等以下賜禄、於禄者可給
布二端、於而有所思慮、殊以絹給、賜禄不任
大将後来依此事、今年又始賜禄給、猶有依給
所給也
四日、雨、晩頭参摂政殿、々々、摂政之御日賭射御覧
盤給上達部々々、作出居右中将云、賭所給也、次事
彼此權不覚、給大臣々々、公但不所給之
之翔大臣之示送之賭射次事不覚、昨日参入、依在
上臈哉下忌失的早懸下、不已被思忌歟
陣目議
廿日己卯、今日陣目議始也、外記令申也、仍参内
頭弁
宰相乗車廐、右大臣先参、被候、又参、臨陣刻
蔵人左中弁経通、召膝突、傳摂政御消息
召外記大外記文義参入、仰云、汎昔文書也
日蹔来儀、可然者依日暮不畜、外記取苦文
之軒廊、亦大臣奉摂政御宮所已、次同参陣目議

主殿寮并太府参摂政御宿所已次同参陣目録
如恒左大弁道方就軍下摂政之下定申受領功課
奏以弁令治文書按察之例之看督所為義下
給少重事等不定了仍先可被定了之由相示了
仍左右衛兵督宣信令読也了令読手読者余云
未読之人初読不読了之由為可按察云可読下
也者仍以武衛令読甚不便也三所肥前守俊遠
申文事ニ可定申者件申文先令覧摂政
右中弁経通伝奉摂政之命可定申儀了者経
文書等 内侍申文 後遠申文 元愷等申文 返給経通了先是按察初
取之并右見守保重替坎下弁申之文又定随
彼申可過之由定申了下給石見守定文依付
過了大納言公任中納言教通不用此儀早出
公任卿之大納言多依可渡可寒宿者仍共早出者
壬刻許儀了摂政之明日可早参者今日参入
諸卿左大臣大納言者依公任中納言教通依房頼宗
諸俊宣成君儀兼隆道方公信通任
廿二日庚辰参内宰相乗車尻余乗肩仗座之面
右大臣以下参摂政御宿所今日又不着儀所陣
目録如昨依昏右大臣参入進江国申 権守 出過 次定
元愷後遠内侍所申諸卿所申各示也後遠申
内侍之書如名後遠申文云後者不当内侍元愷

内侍之書以名後遠中文云、後遠不書内侍元慣
以相撲書也者、又宅直代々度来直四百五十石也云々
後遠座内侍之時三百石者、今般不足了、減後遠
所申也、一日称名字事於守下、此様略守下文書
之名、又宅直補職事一向内侍者、即仰左中弁
経通朝臣、仰令頼任不与於神社数年来
有叙位一定之後之司定称之上、依被撰一日定
之由、被仰作中、仍以右中弁経通令申擢敗之
呂伎此者即作経通定申遠路事 頼親 応讀
了、勘解由勘文之、又陪日儀了、仍不定了、明日可
定了、又江勘文、参議資平初讀之、太好讀也
被是云々、次公信讀大和勘文、大納言如泥読般合
咲、今日参入諸卿、右大臣・内大臣・大納言公信、公任、中
納言教通、経房、頼宗、宗成、参議兼隆、道方、公信
通任、資平

除目入眼

廿三日、辛巳、昨日所請将監之事、以蔵人右中弁
経通令申擢敗、已有許容、但大将之事也、仍今日請
中文、返以奔許、以轄付墉上、冒雨来、経許参内 宰相 乗車
晨光是右大臣被参、不着議所、而剥者
摺頒消息、仍右大臣参摺、敢称宣陽
甚雨、経仁寿殿香亭宣耀亭殿被参入

[illegible]

甚雨、経仁寿[illegible]香亭[illegible]殿[illegible]参入

[illegible]

[illegible]

[illegible]

[illegible]

[illegible]

[illegible]

[illegible]

[illegible]

[illegible]

[illegible]

[illegible]

[illegible]

[illegible]

力巻了、朝明任外記之後申任大字[illegible]

[illegible]申[illegible]読終申云、外記

為二分之由[illegible]所見朝明任大字[illegible]同文

中臣氏並所申之傳召任外記、又有任例相

一、大中臣氏任外記可無難事

例[illegible]大中臣被任外史[illegible]難[illegible]相加挙

冊[illegible]受領挙冊也、於御前書

之者受領加階三人

[illegible]

[illegible]

之有受領加階三人　行之條任重年々三个年絵過濟二个年在任之个年濟し
二个年前申請之開勅考也蒙宣旨　貴重事金紀
在任二个年濟二个年下之謂也功
申之越外遣使宣旨藏人以左中弁經通傳仰
下同弁　官所仰下　右衛門尉教重平大炊門尉茂臣宗任　叙位并擬
紀宣明　仁轉　志史孝成通
遣使宣旨一品宮兼相近若有不守術心ト之
公與重被補ト任遠江守又請申傅監藤原国
永隆申請被任
今日見參諸卿左右大臣大納言斉信公任中納言教通
經房頼宗能信參議道方公信資平清書所申
納言能信參入云々
廿四日壬午、今日受領人々多來、心神不宜、不相逢
晩頭宰相來、語云、所射評定清書了、兼成朝臣
惟憲以宰相申掃政所被停來云掃政御郡
兼成申無之、可據以較任　掃部頭遣使　任遠江以兼成
任石見、頗又依度々不相據、可任也、遠江不悦也
其故者、依此事人々所厭興也、若以頼信任
遠江者、可謗難歟者
黄昏少將資平朝臣來、相逢召随身佐也、濟人二
太兵衛佐經輔朝臣來、又相謁、召随身佐也、濟
四人資康者右兵衛督子經輔者帥中納言子為恩　於

四人宣人康忠左兵衛督子従輔左衛門中納言子為恩
父也相對給之間於路随身耳
廿六日甲申或云去夜前太府被参法性寺五大堂
被行修正月一宿受戒而奉仕仏供皆調灯明盛
仏供仏具其美麗云々今夜呪師之間給云々
廿八日丙戌宰相來云去夜被任宰相中納言経房所
行春日祭使内侍車也障仍可被任云々院禁
〔院高松腹女子五十日事〕
又宰相來云院高松腹〈女児〉五十日儀所
中納言消息來入夜内侍明持來後遣問
往来書并懸文参又不見了而殊申云昨日
見左中弁答云早可付史者即申承明登
又人脱説即來神社云々即中左
廿九日丁亥宰相云昨日先参大殿被談雑事
次参内消息給後殿是何不謁乎次参院左大
将下来入於殿上有饗饌大殿被参不出給
殿上不能入夜大殿被催呪師并議
物并指
〔盗入修理大夫通任家事〕
卅日戊子去夜群盗入修理大夫通任家云々〈宇戒〉
今朝以所要消息諸云右方達去夕宮宿
明寺之同群盗入來同宅被取因獄行俯
并女房不書雑物云々群盗入上達部家往
古不聞

古不聞
今日太皇大后宮并大殿例講、仍参南家者
院以永信朝臣被仰云、去年以随身下□□公忠
光有横使、承西有垂此下光、者、仍令下光
光者日遣兼重、而今年以番長民利信下光山陰
南海道等同使者、下給中文、乞中日、至道相定可
光一也、入夜宰相来云、大殿講説摂政大納言
二人（右衛門督　中納言　教通　頼宗）参議五人（兼隆　道方　公信　経通　資平）
有饗、饌之間、諸卿下向大殿之外、参太后講
説

二月

院参并皇后宮事

一日、己丑、宰相来、依院召参入、今日参皇后宮、后宮
昏黒帰来云、卿共至殿相共資平一人候者
二日、庚寅、石塔如例、昨日依例可参造之、今年
未参造、昨故日仍今日可参造也、此月新着季奉
令造也　招皮聖語付九日可参造、而身多宝
塔白檀此像大一寸六寸之事
宰相来云、外記順孝云、摂政殿仰云、明日大原
野祭、分配右大将有障不参、可参入者、今中
至明日有所穢也者、実是依有相者、前大宰
之民人雖有相者、奉幣春日大原野祭定了、参入
者未開之由、宰相云、先年依此命参入春日祭
法身雖有慶、既已改去、今日見員信公近卦計

有主者□□宰相参諸社事

有住者人不可奉幣諸社事

法身雖有慶賀已交老人、今日見負信公返状
年二月三日〈丙申〉御日記不奉幣帛、依有他者并大府
命至所據、今有他者之時不奉幣事、宰相云、明日可
奉幣了、解除甚也者、雖信宰家之命、謂神道

大原野祭使給祿舞人陪従不着束帯事

〈三日辛卯〉〈今日大原野祭、仍奉幣〉
何大原野使左将監茨田重方召蔵人所給賜
舞人陪従装束、九渕等〈從官府／陪従云々〉、重方參摂政

摂政同使給綿衣事　依寒気由令申也

殿中寒気難堪之由、仍給綿衣云々、後日莅大府
所被談也、將曹重種密語云、重方稱老屈不

同祭使将監重方依老屈不参社頭事

参社頭、召彦佐等、了謂神等違例、新任將
監於中故障、仍儀重方出立云々、後日依左
大將障〈分配〉右衛門督〈實成〉參大原野云々
四日壬辰　宰相來云、小時退去、又來云、大殿御胸病今
朝發給云々、仍參入、是今且有所勞云々、家子暇相飛
事馳參云々、甚後至亭殊下不從坎踈口將光
云、大殿去夜參内之後宿給、拂曉出給者、數差
御胸發給、暁更退出給、入夜宰相來云、參大
殿、御胸痛殊下不任者
五日癸巳　參大殿、宰相乗車尻、大納言公任・行
中納言俊信・實成、參議兼隆、先參以後信・經
被示相逢之由、已被出對、彼是相同被談云、一昨夜
儀如雲亂、捐頰下目不見、下部新種外事使家
給不下恐也、前人又被召見馬懸弓箭之随身
等云々、雨有被揮下官之氣、仍大納言申一口謝脇也

者云々、而有被掃下官之氣、仍大納言卿一々御隨身也
下官召廳、仍出居西對南唐廂、召見家從次第
牽騎馬〈引敷 御馬〉次懸弓箭之次隨身二人東度
更歸、古代執柄居不召見、給之事也、大納言同
事〈垂余車〉參門、登從陣大納言之出、余參太皇
太后宮御方、依御上御直廬作主退出〈宰相乘車尻〉
天文博士吉昌持來天文奏之案〈月犯太白〉、依家人密々
令見也、今日右衛門督〈頼宗〉令産男子云々
六日、甲午、青褶模先日借大納言〈公任〉、今朝返敬
小時納言消息云、今朝方犬死穢、不知案内返遣
於模明日方參勢欤、仍示所返之由、參使狩袴
依穢也、了此也以忠時示達太皇太后宮大夫許
俊賢、明日使方伊豫國也、已方執宰相來、着座
已為雨也
被返俊賢卿大納言辭表事
右中弁經通來云〈不着座〉、今日被返俊賢所獻表
其間下官辯之、仍子細相示、次後和泉守擧
周申不待本任放還、任織符文〈依請〉、余答云
前例皆以國司不申請、然辭之、權不覺之者
尋前跡云々、宣下也、相示了、從雜並前例披看
宣旨不可申、右少弁〈右〉年可　宰相乘暗來云、依
新中納言〈能信〉消息奉皇太后宮、兼相敬上人識
鞠依穢不着座罷出
兼成朝臣大敬御奉幣使也、今日在家仍觸穢參

[illegible]罷出
兼成朝臣大原野奉幣使也、今日在家、仍觸穢参
入、今申此由、已不被免、仍可勤仕者、神祟不及案
歟耳
七日、乙未、昨日和泉守挙周申、不待奏任放還
給綱符由、有依請之宣旨、昔日不然也、大略昨日
示左中弁経通、今朝書出式文、返弁許（右段下式云、先有宣旨下返）
（但昔例、筆・雜・米返奉、追以殷）返抄云々、不可下宣旨者
（但解由並誰向国、准此）
神祇佑（祐）播盛云、昨日返給表之勅使左少将誠
返給表勅使少将誠任到行遅後資卿家事
任到大納言、（後聞）家司先是大納言参大殿、仍問
勅使云、頃申送下由之間、左沈之来、向已不知勅
使在家之由、勅使相逢大納言、驚奇無極、大納言
云、先得申告、殊用意、忽以出衛何為々々者
勅使直置表退去云々、未聞之事
八日、丙申、蔵人左少弁資業来、以宰相令相逢
沐浴後為恐風気、猶遣不出簾外之故也、摂政御
消息云、可行祈年穀御幣使事、左大中依觸
穢不可参、仍以之由、宰相語資業、密談云、近日公卿
極不便也、至程令勤、給可以度觸穢御障、尤
佳之、見者同體、不堪憤懣歟、高陽院造作
天下可歎、　晩頭冒雨從河頭解除、依穢不参
幣之由、宰相乗車後、資頼高別車相従、共皆
解除、余解除間、以人令指笠、雨時甚密

餘陰余餘陰同以人々指遣雨時甚密
九日、丁酉、光明朱来、二分遣之、以故為信志人之法師
之作真朱数一両遣尤澄源経天台 内借房 示送
事也、招請遣源大納言許、藏鉢遣朝有
不空志、仍遣也、書三日依挿鉢織不見来也、向
晩宰相来云、公行發使還發仍去
出明宿除云々、六日大殿服更成自三年新宜
鳥依目病被服云々
春日祭内蔵使定頼射庭事
十日、戊戌、向晩宰相来云、或云、内蔵寮使定頼
下従春日帰洛在共、武者射庭定頼脱衣
被之云々、左傅云、去春日之人見庭為吉徴者
而之射庭為何況被物又不使事也者
見吾悪可謂也
十一日、己亥、己刻許蔵人揚政殿有謁、事鱗羽
治宮事太良久清談 宰相乗車後 有隆同朝行事
高陽院下造事云、随身書長身人部保重綴
年騎射一手之内随身之先年示大相府乗騎
有之、但府生之命被同保重右伊豫国仍不能
兼従去年頃治府生奏而為事之間不和無為
之云、臣便召仕因之、手之遣番府生同二人先請
但保重之従相定而已、以将監扶宣示其将軍許
且之書状請奏之事、仰将監書正方、将監扶宣

上之書状請奏之由仰、即書正方　即遣扶宣
参来云、相示云之志、正方持来奏聞、召侍扶
宣令召了、而付以右中弁経通、返仰之、加一行
給之、早可奉下之由也、扶宣云中即長家随
身鷹犬向狩野、忽不可取其名者、仍帰来
令召、次第取名、夜中所付以弁、但随漢史者如
右可申返事之由令仰之、臨時扶宣持来奏
廿二日、即隆国等所々未被尋遣、即実資
引者、又々尋隆国等、還不能尋得、只早可付頭
弁之由又仰之　宰相来云、参内次参大殿、良久
被命雑事、為宗所命事者、兼成朝臣依下官
相顧、把但遠江守也之由云也、自大殿罷出之次参
高陽院造作事、依指数被仕也
左大弁経頼持来山城国司経進天台宣旨限并
請護之上戸田文法性寺院源経進西塔領宣旨等文
宮山城国司経進文見了、来可定、覧大殿
之由

圓融院國忌
十二日、庚子、早旦沐浴、清食、円融院御国忌也
未刻許参入、宰相乗車、従右大臣右衛門督宣
成来入、御家饗食如例、上人参送、仍不就食座
令打鐘、早了入堂、童子着座、四位三人　方正　従長　保昌

今朝律師入室童子着白四位三人〈方正　保昌　頼長〉
之一人不足、仍以大府少監親業朝臣為童
子、以香円以親業足擬耳
昨日列見大臣史官人行立申文事無先例
以昨日列見左大史貞行之中文云々、依上卿香信
作所立云々、無此例云々

左大将教通卿児子日事有和歌
十三日、辛丑、宰相来云、昨朝依左府召参示〈昨日宿事　北門外祓〉
言入夜、臨昏指枝依児五十日、従中納言〈経房〉中宮
之所来也
権大夫〈能信〉右兵衛督〈公信〉会合、大納言〈公任〉右衛門督〈頼宗〉
饗饌和歌等云々、明日下人々云也〈右兵衛督西親兵　花又至下人某外〉
指殿随身衣服
随身等云々

十四日、壬寅、今日故殿御忌日、於法性寺東北院
自昔僧仍以擢足之者、各施花供養、不施
斎之一例也、不調備僧等以新米之物寄読経
僧等

大原野祭事
十五日、癸卯、鶏鳴寄々奉大原野共人永輔朝臣
知通所重指之、忌良刻以参着束帯手襷
垂簾中後此間資頼馳来、祢宜祝等来着
中門下〈祢宜祝等不能参仍　以所随身盃令饗〉奉幣〈毎座南階再拝了　捧幣南階再拝〉
祢宜良平着羽服請取御幣跪賦〈任例　二段〉祝申云
傳作神宣拍手了、今給禄〈大褂〉良平被禄等

傳仰神宣拍手了、參治禍 大神 良平被祓等
邪明神已絶婦家 北後院 追乗車 從昨夕有雨氣、今曉
天陰、途中細雨灑、不及指莚、已止、着社、以天顔
漸晴、似有神感、左兵衛督沐浴 新堂 不遂之、為治身
病明日日向有馬温泉云々、
讃岐守済政來云、中納言渡方花有事定云々、用
意云々、又云々、來十九日被向国、
晩景來向 宰相同車 今日太后被釋經云々、晦日被
行之、從今日可被始行云々、宰相來、太后御方
攝政被申 被着直衣 從被為攝政所攝政及從政
從內示在從被退下之間治禍 亮重隆 於行啓
有勞攝政被申從政同着座、黄昏退出、參入
攝相大納言公任中納言行成教通頼宗經房能信
公成參議公信右三位中將道雅 着宿衣 右兵衛督參議資
平 今日候宜陽殿卒下 中納言同被承之

天台四至事有諍

十六日、甲辰、左少弁經頼云、天台中堂并
八瀬横尾等為天台領、而日者依職不申大殿、
今日申事由、命云、山城国司從遣文、依下院源書
状等見所々、山城国司并院源書等相違事件
由云々、為天台領、其外堀川以東為山領、并指下

由度〻為天台領、其外堀川東為山領、並指下
不可従、且以件由仰遣山座主并院辺、而令承引
甚無可宜、但八瀬・横尾等、々為天台役
人云々、余申云、八瀬・横尾等、一向為山領、名田畠如何
弁云、件事尤可有案、只今申案内者、帰早
来云、以此趣申大殿、命云、所示可然、被八瀬等
田畠租税、並納天台、致将只納地子、至租税等
国判同、国司随被申事云々、被尋也、余仰弁云、
申租税并地子之由、可尋有苻、并申納地子之由、
者、至宣旨者、可令弁於結之由、可仰下、但
先右同国司、随近申可被宣下也、

資平子加元服事　資房

今日宰相子於彼宅加首服、昨日宰相云、左中弁
経通資平元服時、行成所為蔵人、以家〻下遣
御冠、思彼例、示以弁経通云、而人元服時下御冠
之所覚、仍昨日下遣御冠、或云、暴殿者下給
御冠者、於両人不異殿、被給下御冠、其例
太好者、白地向宰相宅、相訪、秉燭宰相〻送、加冠
中納言経房、理髪右少弁経頼、余加冠被物、蘭繍
深織物唐衣、蘇芳織物褂、赤色褂裳三重、袴一具、　馬〈上〉送宰相許、　亥剋許
宰相随身〈名資基〉来、申大殿御消息、随身
被給被褂茜深褂一重、袴、用右少将隆国表衣

被給被擣茜染褂一重袴同右少将隆国表衣
新宰相余大殿摂政殿宰相随身将等　々夜
立明左右官人随大殿摂政左大将并余随身
不給也将但大殿摂政殿御随身官人各二疋
近例云々　已七十也云々
千寿丸於家侍所々加元服　名号為時
十七日乙巳早旦新宰相来云夜前大殿摂政及
大夫々伝等給小褂
十八日丙午早朝宰相来云余大殿従給臨暮来
云談往了大内云者給公任及近習人達大略被定
東宮御元服定事
東宮御元服事
十九日丁未以将監扶宣作悉可補御前并
御馬乗下於於中将公成許書定文送之尋
例文所書送欤数少时只書下也数多時書定
文見着官文如示送之余示不暑先々彌示将等可
[illegible]但御馬乗宣旨書送之示可着　馬場所掌事
随身扶明吉正各々中飾状大将以同示以扶明
[illegible]為所掌々々正内々作将監扶宣武晴扶武等
随身也随近中補府掌番長身人部保重
但府生々替以府掌扶武為随身正以近衛安
信守近下毛野公年為随身　扶宣云彌示将等

信守・下毛野公年為随身、扶宣二疋府将ゝ
皆申慶也、仍是定文下賜
今日ニテ被勘東宮御元服日、也、有以無大納言消息
又於宮ニテ被定雑事、今日ゝ参入、頗亦余参上指
召右宮司・近習所相外不可参之也

祈年穀奉幣事

廿日戊申、今日祈年穀使立、按察大納言信行
ゝ宰相ゝ昨日大殿被参東宮、太大下傳大納言ゝ旨
信公経中納言ゝ被通奏、頼房頼定ゝ等依事成参
議兼隆公経 按察大夫 朝経・資平同候、被定御元服雑

今日勘申御元服日時事

事、右大臣於陣ゝ勘申御元服日時 四月七日時巳
廿一日己酉、今日巳刻於新所奉ゝ造等身多宝
塔本送来也、行円仏来附属技仙而ゝ奉造
也、新物先少許遣ゝ、又於同寺奉ゝ始造白檀
六寸毘沙門天、仏師来、先料物絹一疋請取訖
廿二日庚戌、宰相来、人来告右衛門督 頼宗 来門外

院昨見白河雲林院花事

ゝ也、乍驚退去、同車東行云ゝ、或云、参院云ゝ
後日宰相ゝ、院見白河雲林院花、於帥栗栖肉食
御勝地上供畳、拉ゝゝ也、左衛門督頼宗・新中納言
能信・修理大夫通任・庶従賭弓・經房
殊興、於深覓出云

季御読経始

廿三日宰相参入、今日季御讀経始、仍参入、宰相乗車
庇時ゝ小雨、於外記北指遅到宣陽門見参

日華門顛倒事

戌時〻小雨、於外記北指並列宣陽門見北宣
陽殿方日華門顛倒𥧌不知時〻風吹非
大風、若拔歟、右大臣・大納言公任卿在陣、余參入
時未終、右大臣午一点参入、同時二刻日華門
顛倒、雖風吹非猛烈、一夜奇也、云被計云〻
今日内被立上卿已更不可被廻時刻者、従御
在所當奏方欲此間上達部参入、太政官御
前僧申二刻大庭〻北早参本意史奉例文次置硯于右大弁
朝臣前、随大臣示書之、書了進大臣、許奉
定文僧綱三口凡僧十七口以蔵人頭右中弁定頼被覧摂
政定文所〻即被返下大臣、取定文、小拔持定〻頼
傳示可下給由、即下定〻頼〻〻加太弥中大臣
示色氣稱催先是大臣向余云此定文奏
宰召者奏被奏之由、大臣召外記、問召仰堂童
子事又被問見參僧侶、於右大弁〻〻問史
可被向行事弁欲未定、行事僧〻前令
打鐘、大臣已下参上殿上、中納言經房参議道
任朝經資平懷平各殿、攝政被候殿上、大臣
参上次攝政、左大臣大納言余公任中納言行
成教通頼宗能信、着御前座、次僧侶参上
僧数太少、仍已度而殿僧中臨時行香
日華門為風被吹顛、可立事攝政於殿上

立日華門事

日華門為風被吹顛、可立之事構於殿上、
問彼是卿相〈中云〉、今日由被立、可無忌歟、若
不被立者、東宮御元服時無件門、如何、構發
是亦遣吉平・文高等、文高參入申云、日華
門自御在所當巽方、日内立事無忌云々、又無所
見、只問卷之所稱也、藏人頭右中弁資通傳
申也、即以資通被申前大府〈々々被仰云々〉、報命云、

仁壽殿西渡殿為栖鵄事

只可令構立、修理大夫通任早起座、向其所
行事云々、構立上假棟云々、又申、越前殿与仁壽
殿西渡殿〈殿〉為昇栖、誠怪欲前跡、不吉之事歟
歟、可見御占歟、余黄昏退出、途中秉燭、
廿四日、壬子、今日從北、仍牽相同車見東光寺
花即歸、或云、依有上御惱氣、早朝大殿不整
威儀被馳參、午時許者、治者殊事無御欲、

群盜入故彈正宮北方宅事

被行、相云、去夜群盜入故彈正宮北方宅〈中務〉
〈門侍從中納言隆家・納言朝暮往還處〉、其盜二人捕得云々、世云入左
府西町人宅、捜取雜物、牽相不遑、云強盜
不入彈正宮北方宅、入近邊小人宅者、欤行
可陳可謂荒涼者也、
廿五日、癸丑、法性寺座主僧都慶命來談、時
魁推移東院北僧二人、闕可補、皇命安慶
々々事大略相示、見例文可令書下、宣同示之、
其文在東北院、欲件例書等案頂、故有信

其文在東北院坎件作書等案頭故右信
真人所不知置而仍可尋而已
廿六日甲寅宰相云昨日参大殿中将随身相
撲使事依報云欲申事由之間今有此消息
以近衛播磨貞安可遣大宰府使右将書
云方作遣権中将公成許但先遣大宰使相

季御読経結願事

次可定他道々使之由也　今日季御読経
結願不参入服薬数度瀉之故也御読経
結願了有内府下源中納言経房行之　随伊勢豊受宮使并遣江
守兼成等任符云々
廿七日乙卯宰相来云昨日内府下及深更又云
御読経結願而殿営童子左右各一人挟案
大納言斉信行之公事凌遅日遂万信者
兼成朝臣明日辰剋赴任但夏又々謹下襲着
袴等依彼申給之又昇陽可准借給之又給
手綱也前日賜豹皮鞍表袴靴等外記使
部貴来任符忽無禄物之由兼成朝臣参
申仍賜消息一疋手作布一端宰相入夜来云参
大殿大納言斉信公但及他卿相参入有管
絃明日御遊試楽云々
廿八日丙辰遠江守兼成朝臣辰時赴任但暁更令
申無障陽師禄褂之由付使遣之

前太相国第四娘初笄事

今日前太府第四娘初笄　尚侍来着裳之前　但尚侍太不便耳也　申時
許参入　宰相依母遠忌触穢居　有上達部殿上人前大夫饗

許参入、宰相依母違忌蟄居、　有上達部殿上人諸大夫饗
上達部西對南庇、殿上人同對東庇、諸大夫南廊、　構政左大臣右大臣大納言
道綱斉信俊賢　両度上辭表返給、今日依前太府命参入云々、又東宮御元服日可参入
之由、有命云々、　公任中納言行成教通経房頼宗能
信實成参議兼隆道方朝経左三位中将
道雅依主人命次第着座、三后被奉遣
紫衣使被物、中納言能信取被使給之、
拜之、　太皇太后宮使亮、皇太后宮使蔵人頭右中弁定頼、右中将兼隆皇太后宮使兼房、中宮　戌剋
初笄、　由結藤原惟憲妻、前尚侍要月云々　前膳殿上人取之、左中将
公成取打敷、上達部座盾東移着寝殿簀
子座、先敷菅円座、　着物　高坏　有酒、東宮令
人　先敷　庭前　有管絃、中納言経房吹笙、大納言
公任取拍子、及子夜、猶致已下殿上人已上有
禄之、明近衛府官人搆取、左右大将随身皆
給之、諸上下禄了、左右兵衛府有引出物、馬各一
廿九日丁巳、大外記文義朝臣召以使令申明日
故三條院第三女王初笄
之蝕之由、今日故三条院女王　皇后宮腹　第三娘　初笄
宰相来云、従昨（昨）三ヶ日卿相参太殿、酒肴
襄三ヶ日有飯餐云々、無両余不可参入、今夕
可参皇后宮、猶先後被定、諸卿被参
可無便宜、須宰相参太殿、告諸卿参皇后
宮之禮、仍宰相先参入、晩景告送云、諸卿
参集、相引可参彼宮者、相待宰相来、可

参集相引可参彼宮者相待宰相来可
参於宮也秉燭宰相来云大殿有饗饌
居汁物之間所来也時剋推移北大路有
途前之聲以男等令見上達部或同車
於指西方行云々仍余参宮宰相同車東對
南庇有卿相雲上人等饗机左大臣候西方云々
諸卿来着座修理大夫通任示可着座仍次第
着座左大臣着直衣参入無指仰云々忽取遣朝衣装束云々一廻後中務卿親
王着座次大宰帥親王着座次右大臣着座從三
位所被奉遣装束院太皇太后宮皇后宮其使有禄有差
先是院渡御云々参寝殿御簾院出御了座数
巡周座第子修理大夫来示可参之由帥親王
已下参入着御前座右衛重鋪給人座於庭中
南階巽給人着座有絃管興賜衝重給人更開先絃
禄于給人次左大臣已下殿上人等被物両親王禄同
起座院入御次諸卿退出立明之殿餐并左右
大将随身等之餉云々

三月

日蝕不正現

一日戊午早旦沐浴出河原解除資高乗車後石塔如恒
日蝕不正現
三日庚申皇后宮以競方納言被仰一夜参入之
事相逢奉仰而已
四日辛酉宰相随身小男来云元服夜参大殿

四日、辛亥、宰相随身小男来云、无服衣冠参大殿
又可令参入之由度々有命、仍今日将参者
以使申去左大外記文義云、左府有可被定之事之
事、可参入者、稱故障、小男来云、参大殿令障
[illegible]暫之罷出
五日、壬戌、早朝宰相来云、左府及諸卿定申常
陸介貞[illegible]見、木国司申請雑事、其後大臣云
公任卿定申仁王会[illegible]請云々

三條院女親王叙三品并當院男女親王宣旨事

又云、故三條院女親王 著裳親王 被叙三品 皇后宮腹一夜
當時院男女 男者右大臣女腹 女者前太政大臣女腹 寛子 為親王之宣旨下也
為故三条院王子、今被下為親王之宣旨云々
故華山院御子二人為故冷泉院王子、為親王、依彼
例所被行之也、不相合之例也、所以者何、冷泉院御
七々時、為彼王子、為三條院崩後及三箇年、今更
被為王子、如一時儀歟、就中高松腹等年齢幼少
崩後産給女王入彼三条院王子為親王、天下云
有云乎
六日、癸亥、未刻許宰相同車、詣妙法蓮華
寺奉拝小塔、余奉令造小塔、為見其軆所奉
拝、又詣貞観寺、為顕永同費、昏帰、今日
後小雨、古行共人或指笠或不指

臨時祭試楽

十一日、戊辰、今日臨時祭試楽、参内、宰相乗車後、卿相

臨時祭試楽

十一日戊辰、今日臨時祭試楽、参内、（宰相乗車後）卿相
両三参会、陽明門相共参入、参上殿上、申ゝ摂政
者、居殿上小時、主上出御、摂政先候御前、先是敷
（五位六位等自蔵人所取円座参入、不能事也、者納取之、是小板敷不知古実歟、諸卿有云々）菅円座、依召次第参
御前、（下官・大納言斉信・公任・中納言行成・経房・頼宗・能信・実成・参議通任・朝経・資平、宰相者候長橋）
歌人等先入立、瀧口無召之前参入、甚失前例、摂
政再三以笏示之、更不得意、主上召男等、蔵人
頭経通参入、ゝゝ示云々、気色、従御前出瀧口
戸云々、（歌人等先入立、垣面依無前例、更出云々、大善々々）即帰、（着履、或説云、承仰不着履）
（渡御前、又云、自殿上方参入之人不着履、経軒廊之人者着履云々、共宜歟）次、発歌、笛声、此
間摂政云、人従通参入、仰一舞事、（左少将隆国　右少将良頼）更
渡御前、仰之、歌舞如恒、未及秉燭事了
摂政・大納言達云、先於瀧口戸外、発歌遊、其後
有召者、専不代事、試楽日者不歌遊、祭日於戸
外歌遊、有例、若思度歟、摂政及大納言達示此由於
下官、無所向、不答左右耳
前太相府被候盧中

十二日己巳、申剋、奉地摺袴、依有可早奉之仰
小舎人三个度来催也
入夜宰相来云、今日参大殿、摂政殿・左相府被参
大殿、被申孫親王慶、摂政被向、余明日参不[力]
寸白発動者

石清水臨時祭

十三日庚午、今日石清水臨時祭、称寸白発動不参

可申障由者

石清水臨時祭

十三日庚午、今日石清水臨時祭、稱寸白發由不參
入、昨聊有契指之、近令見可付雜黄、又以右兵衛
督即加件治之、余思得傳女子有聚見物者云
申剋許從大殿見物、治使藏人頭右中弁經
通、宰相晩頭來云、構致大納言道綱卿之
任中納言行成、經房、賴宗、能信、參議朝經、三位
中將二人道雅・兼經、參議資平、參入構致備後守
宅、構致門、諸卿見物、大殿自里第被見物、大納
言、後資同車見物、向高陽院見送、作法構
致之下同、近從大納言三人乘構致車、大殿歸給
構致之下參入、宰相退去、入夜又來、為向同所勞欲

仁王會大祓

十四日、宰相來、小時退去、臨昏來云、今日仁王
會大祓、依為齋後、依行事上卿參入大祓者
忠明宿祢來、見可勞云、如之近云、更無殊者
内藥相法云、更無殊、以石炎大猛治、只以女子汁
可傳、若和積雪草汁可傳者
入夜宰相來云、大祓了、八省廊并不參云々、歸入脩明門之間
宮中騒動、走向後涼殿方、凝華舍有火、是東
宮御在所也、又參入之間撲滅了、凝華舍与飛香舍之西渡殿上、畢表火付云々
非常事
不如之

仁王會

十五日壬申、宰相來、去夜有所勞、不參入之事
使申太后并殿下之由、示送源中納言經房、有返
報、又同送參入之卿相大納言斉信、參議兼隆、三位中將道雅・兼經
十六日癸酉、今日仁王會、令莊嚴會堂、三僧外

仁王會

十六日癸酉、今日仁王會、令荘厳舎章堂、三僧外

口僧家請用、家司等請、佛供料行事所不行

家下部受取調備、供養布施等不請取、従行

事所令行、三僧也、家加供行七僧講師呪願

讀師三口各一石、今口僧各五斗、近代佛事會加

供以来行之尚已、有所勞不参、仁王會宰相来稱

可参八省、退去

入夜宰相相来云、構政、左右大臣已下参入、中納言行

成卿参八省、於撿校参八省、而恩失参入、即参内

十八日乙亥、宰相来云、大殿煩胸病給之由、有章信

朝臣告、仍参入者、今余要有病、殊動進退難堪、昏

不参以此趣、了顕家朝臣若原中納言經房言之由

口條大納言同被示、大閤御胸事、又云、左大将教通

一日参給、自廻宮服有契隆云々、臨時祭以前事也

武者祭等不参

宰相午刻許従殿罷出云、自丑刻許御胸大発

給、不覚云、今朝有邪氣、駈移人々、講貴布

祢・稲荷等神明云々、黄昏宰相来云、去夜穀

倉焼亡、後摩講師宣旨下、従教五基叡山阿闍梨

宣旨下、威儀通納言被聽昇殿、件三个事皆

仁王會日事云々

穀倉焼亡事

十九日丙子、宰相従大殿退出云、御胸平復、但悩給

體、太相府今御相尋、今日高松産日依院

右卿相参入云々、汁也、近習人遂歟

高松産

廿日丁丑、右少辨経頼来、依有所勞不相遇、以人

廿日、丁丑、左少辨経頼来、依有所労不相遇、以人
令傳、延暦寺四至官苻并山城国愛宕郡西坂
下田畠又鞍馬寺解、又田畠施入書等件文等
（延暦寺四至官苻事）
見了返給、延暦寺四至官苻山城国愛宕
西坂田畠文可令覧大殿、鞍馬寺解文者更
不可経御覧、寛弘苻在山城国、次此件施入
文可申下者、不可仰上卿、社司之申示仰了、已宰
相来、小時参大殿、入夜来云、相重悩給、御聲
甚高、有辛苦之氣者
廿一日、戊寅、宰相来云、参皇太后宮御讀経者、退
去、不必候大殿、延書状云、只今可出家給也、可有出
（前大閤出家）
家事者、余日来有所労不参入、左右相扶欲参
入、而宰相了来也、宰相相来云、大殿出家了、法師
院源為戒師、僧都明救・院源及従事之僧
都等皆給禄者、晩景参入、宰相乗車、余扶病
重参、被扶、永信朝臣入門中、相逢慶命僧都、同
業円、云御出家之先着給朝衣、出居相被
修、宰相同所陳如此、院源奉授戒、余問御名、答云某
便御名也、行観者是改聖、遮云字、名者次相逢
四條大納言公任、内業円大略如慶命僧都言者
出家後又悩給之由、此是云々者、次對源大納言俊賢
談雑事、大納言云、相扶所労参入、至今退出
（皇太后宮行啓入道殿）
有何事乎者、仍竊出、宰相面大殿内、依皇太
（太皇太后宮中宮同車行啓入道殿）
后宮行啓給、只今可給者、又夜半許太皇太后宮中宮

於陣車寄者、仍寝殿出、宰相相共臣大殿方催皇太
后宮行啓、只今可渡給者、又夜半許太皇太后宮・中宮〔皇太后宮行啓入道殿〕
同車有行啓者、宰相同可供奉者、或云、院〔太皇太后宮・中宮同車行啓入道殿〕
御訪、今夕入御坐者〔院幸同所給〕
後聞、乗御車入従西門、於中門外下給、源大納言
俊賢卿云、寄御車下給也、後御共之人不少行啓
者、宰相可談也
廿二日乙卯、宰相云、去夕皇后行啓、權大夫道方・權
大夫經房・中納言實成参入、通任・朝經・三位中將
道雅・兼經参入、資平亦扈従、今曉太皇太后・中
宮同車行啓、行啓入道太閤上東門第、兩宮々司以下、鵲上達部
一兩・左右三位中將亦扈従、晩依有方忌、今曉行啓
云々、扈従人々、中宮大夫齊信・太皇太后宮大夫
俊賢・權大夫頼宗・中納言經房参入、通任・朝經
資平・三位中將道雅・兼經
太后乗御車出給、藏人頭右中弁經通御了入御
車之宣旨云々、先例不作之事也、見天德四年
五月御記
廿三日庚辰、因勞胸病不参大殿之事、今会前備
中守儀懐、今日來云、昨日女房今遣北方御
返事云、只今御不覚、不能左右者
入夜宰相來云、入道殿宜甘之由、卿相被示也云々
廿四日辛巳、寸白太難堪、早旦加湯治、次用[illegible]
湯、又加蓮葉給、丈塩黄、只傳唐雄黄
宰相來、廻参入道殿、暗來云、入道殿宜甘云々
[illegible]

宰相来、廼参入道殿、暗来云、入道殿宜也云々
被謁大納言座
廿五日壬午、宰相来、頃之退去、臨昏又来云、参
入道殿、彼是云、已被復尋常

皇后宮令出家給事　後日

皇后宮今暁出家云々、宰相来少刻今云、後聞、戒
戒師被請山座主、中納言参入、仍以清水院
源為戒師、又大僧都慶命・律師懐寿・脩其身
云々
復日、依有家也、而去年八月廿九日戊午宮出家
彼日復日、寂了、被忘避歟
廿六日癸未、蔵人式部丞範永持来賀茂祭使
女官用途申文、并祭間宣旨等、有両方相違
以人伝給有其例之文、大略今示了
廿七日甲申、左中弁来、伝明日宣旨等、并云、入道
殿夜部發悩給、黄昏宰相来云、入道殿夜部
悩苦給、然而今日殊事不坐云々
廿八日乙酉、山大衆擾来、頗大衆悉傾北方山中、欲
違会諸堂有煩云々、怖待為風被吹倒之期
今日降雨、時々風吹、忽然顛倒宿念相叶
廿九日丙戌、宰相来、同車参入道殿、横政及家
子卿相其外四五人参會、以左大将教通被令云
只今可相逢、小時以新中納言談信有令懸廬
謁談〔容顔如老僧〕、被語病根元并発病時剋様
不可隠居山林之、一月五六度可奉見龍顔者、此

不可隠居山林、一月五六度可奉見龍顔者、此
事下愚之業也、命無之前申如之、方何相合
彼御志、若龍也、幽閑處遁有翻隠歟
卅日、丁亥、皇后宮真為仍来、渡宮、御出家事
被請山座主、被申障、仍以清下院源為戒師
大僧都慶命・律師懐寿又従其事者

寛仁三年

寛仁三年

乙巻五

寛仁三年 春

寛仁三　春
小右記
寛仁三年
春　五

小右記
寛仁三年
春　五

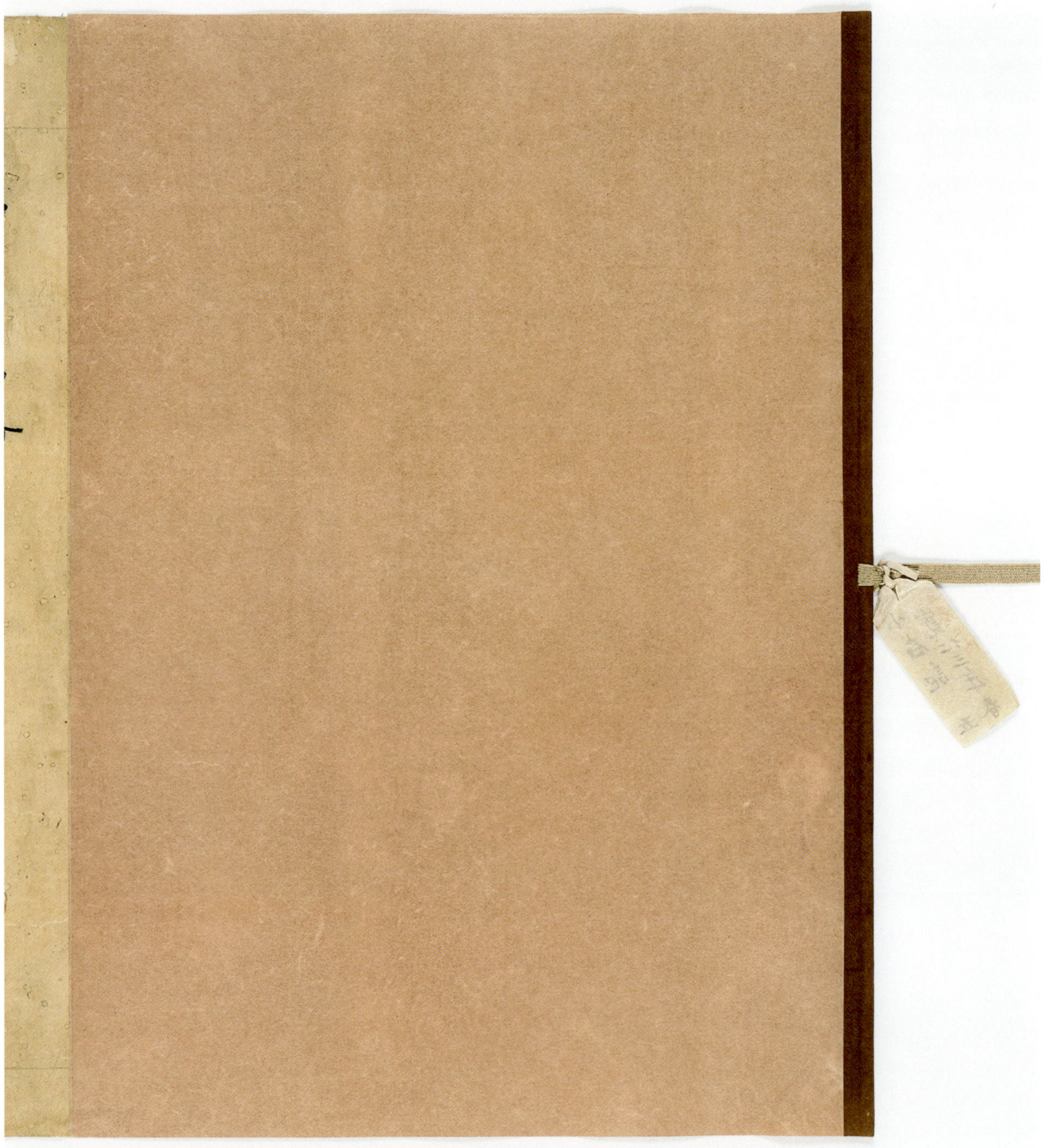

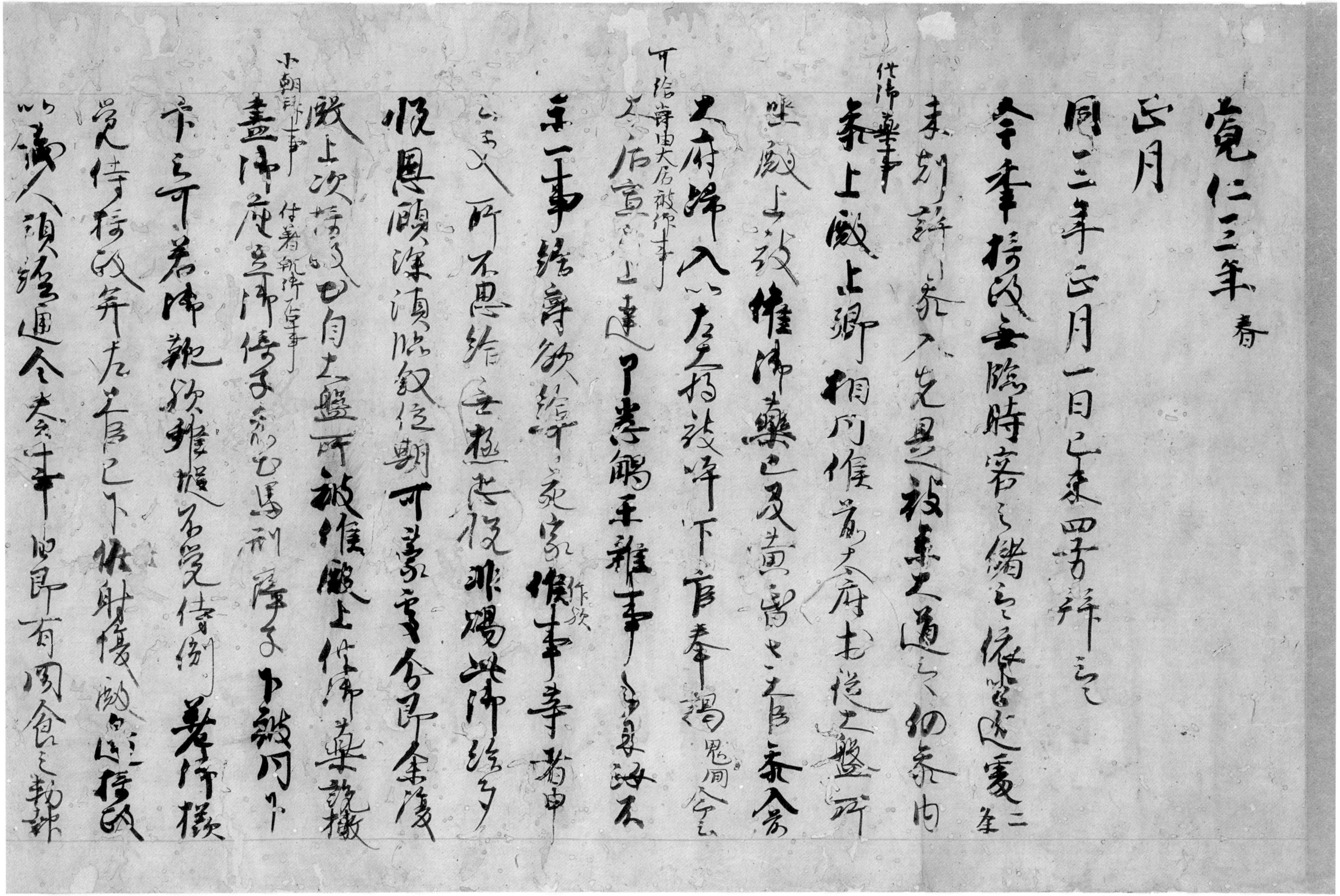
寛仁三年　春
正月

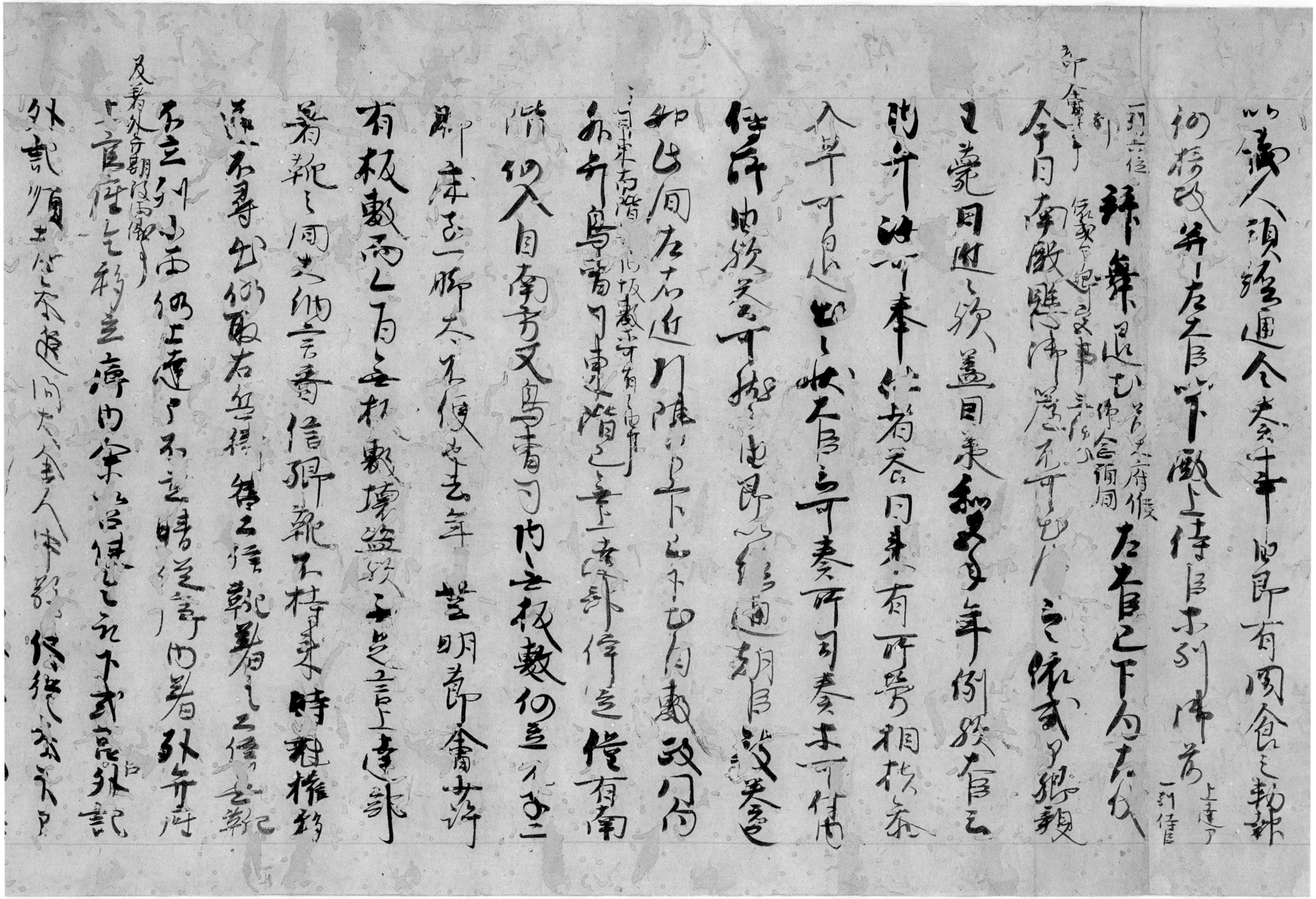

(2)

外記順光依召参進、問大舎人中務、侍従代并少納言
之由、侍従者并見聞申云、大舎人・侍従・少納言等候
也、従座御前参進、余已下起座列立、兼明門東
腋壇上、良久不出、暫以召使令見中務、依宣命文執
外記主税頭孝標・右少史国輔等
微位者後卿上之間、暫降殿、依用晴儀、従座向
西階頭、諸卿又降、自壇列立、出庭従階東
頭、小納言退、以侍召諸卿、次第参入就標、侍従
人不見、此間大雨大甚、仍式部延謝座謝酒礼、既無作
法、可然、参進参上、諸卿晩景退下、大
納言以下、侍従相次退出、右兵記国有
以左衛門督教通為
下宣命使、但二省輔相共列、紀伝門之間、以之仰
人召少納言内弁事、上卿之後、退出、大納言・中納
侍従之着雨儀、退出、問其不便事
之由、参入諸卿、指政左衛大納言、侍従
右近衛府相継、侍従食賀参、通方之信
付新不参之、任右近衛中将、参議
翌日同仰、内弁作法相宜命見参
座下付内侍者、不参内、将座下、又参議
也、仍雖然御出之時、鉄下付内侍
相府口傳、随御簡之外、諸奏、奏進、下

相府口傳駿河笛云々、誦奏大事奏進盃、下人々由侍
奏之、是出御之時事也、此儀自余々被可清撰之
而已
前摂政已下家子上達部於大后有拝礼
二年正月二日、庚子、早旦、摂政相府来、昨日摂政
我随身日、等先着列、並諸大夫以不可為着列
後拝礼、欲来越許希之所、大府左右被来之人、依
云々、左大臣已下、諸卿摂政及右大臣等、相列
南庇備饗饌、唐庇殿上人、左右諸卿饗饌垂入自
請食欲酒、有川物、馬一疋、被序鞍、具似輕鼻者、左右衛門将
直、摂政已下相従、内用陽明門、大宮東門、左兵衛
殿上次大宮相川、被来大侍方、此饗饌、陽明
日、行不拝、亦大臣已下侍従
令参寄者、以下宮、有拝礼、次参東宮拝礼
中宮、有拝礼、以何着諸卿、之氣色被拝礼、大宮入同前
人、宿已下着中宮大饗、二献、左
三献後、居饌汁物、于下着饌、次給禄
東宮大饗、中宮大饗、音楽
殿上人、中宮東宮御所、依康保三年例
被行之、被見彼年十二月御記舊年
相有被同事、大略申之、見去年十二月廿日記大略

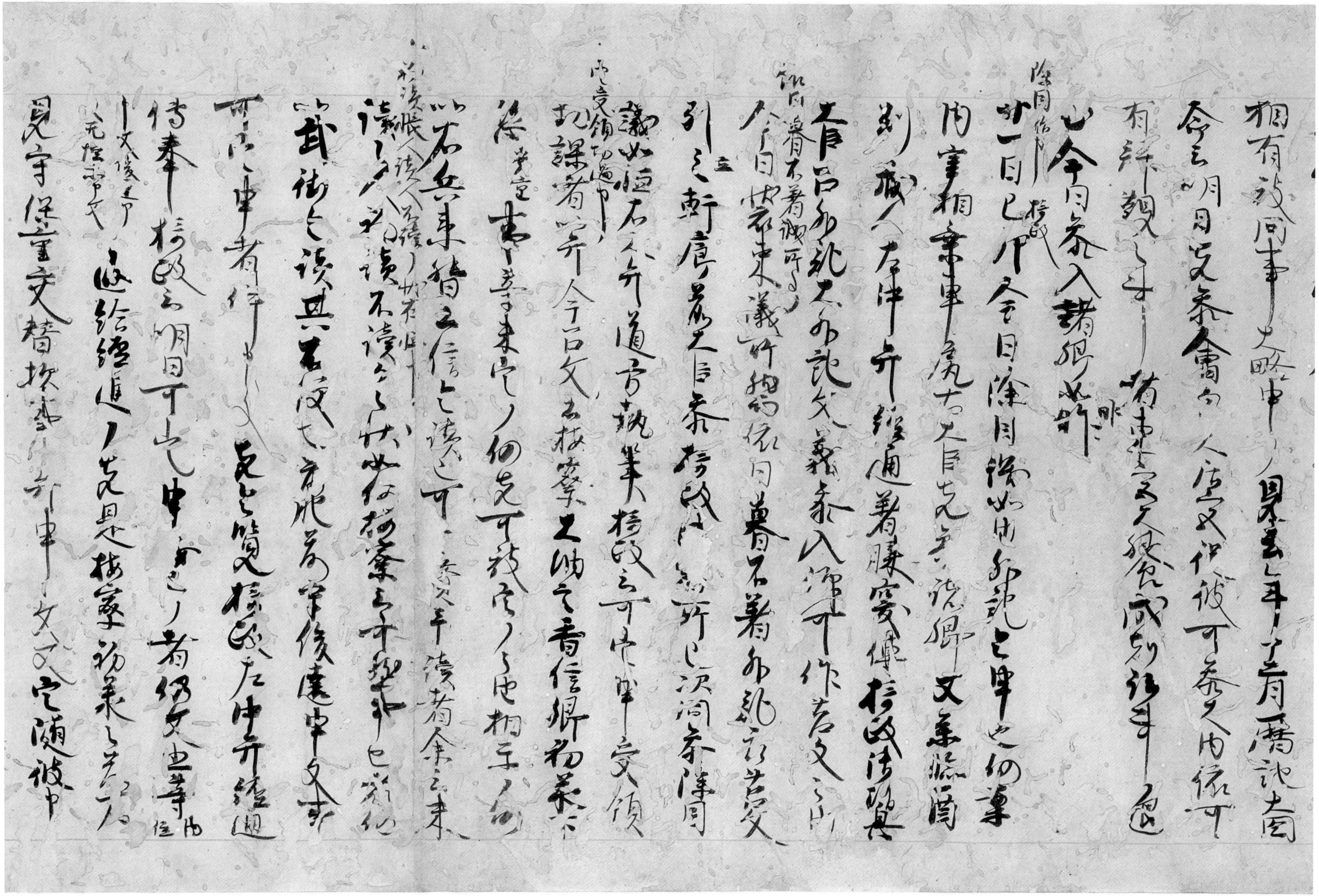

見字保重文替収奉仕申文〻定随被申
可奉過しは定申、又不進不同又本定又[illegible]
世過ノ大弁也、左仕中納言[illegible]不用此儀畢也
已任卿一ミ大将今少依可渡宣旨者何無
早也者、廿別行儀ノ擬政ミ明日可有定者
今日参入、諸卿右大臣以下御出、右衛門督中納言教通
源宰相頼宗[illegible]兼隆道方ミ経[illegible]
廿三日辛巳、昨日可請得遠手申依例人以申
弁経通令申擬政已有行事、今日以講
申文遅頭弁行[illegible]
[illegible]
[illegible]
[illegible]
[illegible]
[illegible]
[illegible]
[illegible]
[illegible]

[illegible]

即仰可召弁（左大弁右大弁藤原重尹／経通朝臣、仕忠伊勢・中原師重）欽從弁

給禄遣使云々、自以前所差相尋、仰可令帰参

事等、欲蒙明日仕臣、就字又請申少将監藤

原國承、随申請被任、今日申無沙汰、左大臣

止沈之事、信之中納言被遣經通、經通房朝臣、能信参議

道方、經資、兼清出、新中納言能信参入云々

二月

六日、甲午、青摺模出、日借出、沐之云々、今朝遣

新少将、敷息云々、朝有犬死穢、知之、車内返遣

於檢非違使明日有奉幣、欲向所、不忌也、若觸使斯

穢、依穢七ヶ日忌時、未達大臣、后宮又不許

〔依覽〕明日使小将隆國也、即有執事物、如何者進之

而已

左中弁經通來云、〔不著座〕今日被返後賢、〔御〕據

表、其間事、〔付藏人頭資平請之〕有辯〔之〕例、又執下給和泉守

擧周事、不待本任放還、依藏符文、〔依請〕食否

云前例、藏内國司不申請、欲辨之提不貫

者、能尋前事下宣下由、相示可從、雖無前例

於有宣旨、早申右府、宰相、案晴、来云、依

〔和泉擧周依藏符〕

[illegible]

於有宣旨　畢事、右大弁宰相・宰相晴来云、依
新法々　朝信　消息、参皇太后宮、相扶上人
疏鞠結縭不着、立座退出、
並召明日之殿御奉幣使、令向右衛門陣
織参入、中納言由已不被定、仍可勤仕者神山

宰不及畳欲
七日、乙未、昨日和泉守挙周申不得本任放
還給職符事、有依請之宣旨、蔵内不然、而大
略昨日示左中弁経通朝臣、大外記文義弁許
太政官　或云、元京官遷任前司之輩、赴未進本任所由、且聴向国、近江舟依准此
返報云、不可下宣旨者、
神祇佐惟盛云、昨日返給表之勅使左少将誠
任到大納言、後賢家所是大納言云、参大殿、
此間勅使立顔申送事由之間、大納言来向、已不云、
勅使在家之由、勅使相逢大納言、驚奇無極、大納
言云、先得事吉、致其用意、忽以無術何為
云々者、勅使直賜表退去者、未聞之事、
十日、戊戌、向暁宰相中将云、或云、内蔵寮使宣頼昨
從春日帰、從在共之或者、射座宣頼朧衣被之、云々
右侍云、参春日之人見射為吉兆者、而々射座如何
何況被物一不便事也、為見苦悪所記也、
十二日、庚子、早旦沐浴、清食、因幡院御國忌
未刻許参入、宰相参集、後右大臣、右兵衛督定成

未剋行香、入室相承事、復右大臣・右衛門督・宰相成
参入、御室饗食如例、無人送、仍不就食、事了人々
打鐘畢、入堂、童子装束、四位三人（章信・師長・保昌）
令一人不足、仍以右府前駈親業朝臣為童子行
香、同以親業是数了、
昨日列見、大夫史貞行申文云、（列見大夫史貞行云、申文事）依上卿着信
御前立三度之前例、
十三日、弟子入室相承云、昨日依左将軍事示、（昨日留事於門外被定、入今日可来之由）（左大将四五十日也）
臨昏、諸牧関五十日、源中納言（経房）・中宮権大夫（能信）
左兵衛督（公信）会合、大納言（公任）於居有饗食、鉄和云、
三明官人一二　延祐（右近将曹正親、亮範又無官）（今其身横設随身大将随身事）
十六日早辰、左少弁経頼（付物由、目物、所司判）前日天台申日至并八瀬
横尾等為天台領事（八瀬横尾為天台領由令申也）
事之由令申、日者依称不申、大殿今日申
之由命云、山城国司注進文法即院源書状見
給山城国司并院源書無相違、至件両寺
為天台領、其外堀河以東九山領無指事、不可然（堀河以東不可為山領也）
且所作御也、山庄之并院源可令知其由、可直
但八瀬横尾住人任例可為天台役、余申云、八
瀬横尾等可為山領、皆停其寄人（田畠地子、九寸有華出今申華内者）以此趣申大殿
命云、所示可然、彼八瀬等田畠租税并納天台領、椅只
納地子、至租并国役、同国司随收申、宣可被奉也、余御
弁可之由、但租税并物之由可、有符只申納地子之由者

[illegible]
弁等申堀社六物之由、早可有府中納地子之由者、
至下所早可令弁於社勘由可仰下状、但者呂円国司
随任申可被定下之、
宰相資平子加元服
今日宰相子於彼宅加首服、昨日宰相云、左中弁経
通・資平元服時、仰以為蔵人、以密々下送御衣、可見
思彼例、東頭弁経通云、両人元服時下御衣、
仍昨日下送御衣、或云、昇殿者下給、件衣着此面々、
不昇殿叙、於時非下御衣、大例、大将者白地向宰相
訪、兼脱宰相、送加衣、十疋、経房卿理髪、右少弁
経頼、令加衣、被物　馬一疋、送宰相許、
蘇芳織物桂、赤色織物唐衣、表袴
充衣許、宰相随身衣着、名簿、家申大臣御勘、以御
随身、被信被持参、例一重、称用右少将隆国表
衣、新衣、各六大褂、以宰相随身持参之、夜立明
春日下人、随大褂、褂、大将・右大将弁余随身等給定
絹、但大褂、褂、以褂、御随身下人各二疋、近例云々、
已上十疋云々、
千寿丸於家侍所乍加元服、名字為時、
大略被定東宮御元服事
十八日、雨、午時早朝宰相来、大殿従経、経通朝臣来
云、経通大仰乍有信以任及信通・頼人達、大略被定
東宮御元服事、
祈年穀奉幣事
廿日、戊申、今日祈年穀使立、権亮人々仍有信
昨日被定春宮御元服日
細行、宰相云、昨日大殿被奉東宮、又右大将伝宣

(10)

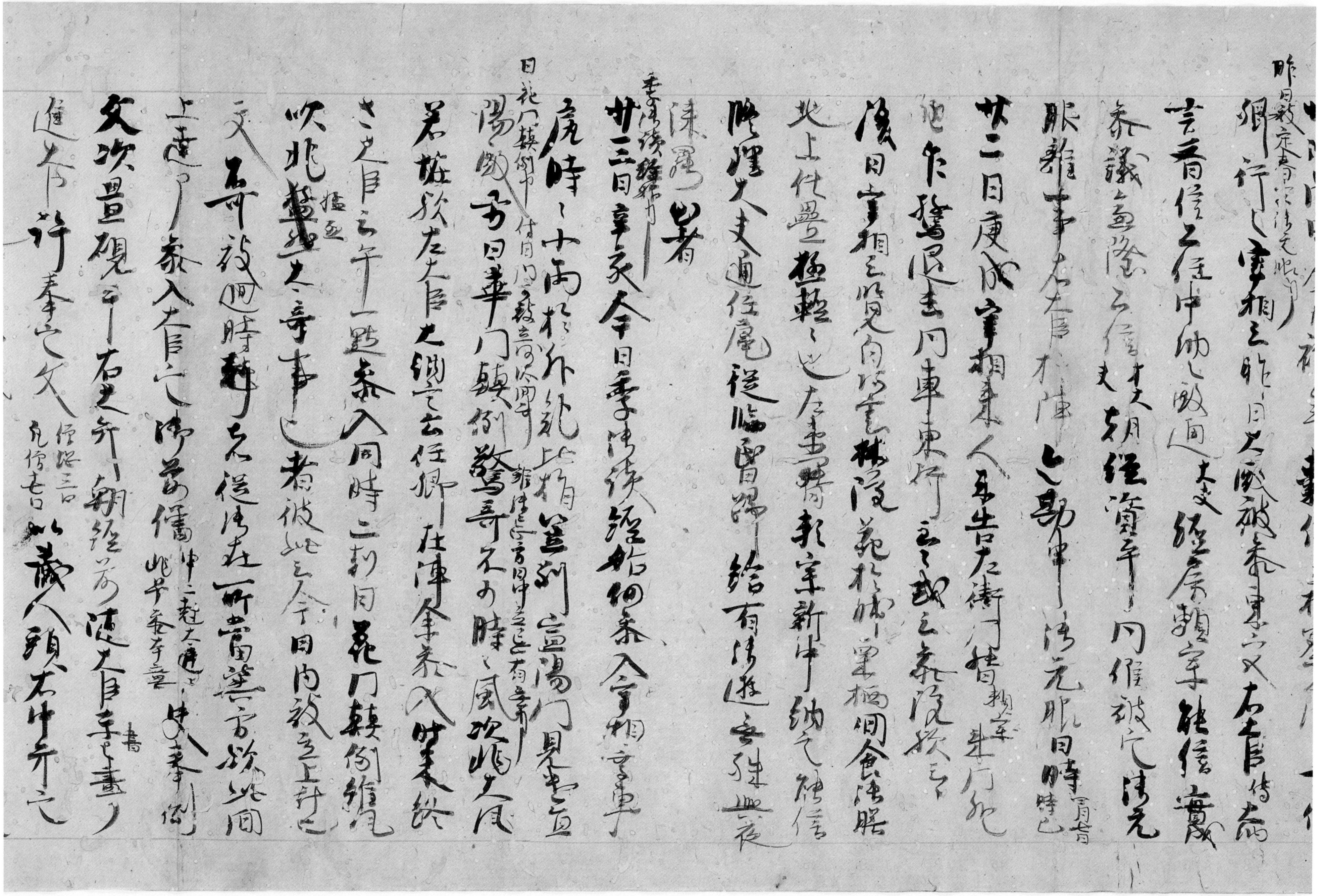

進奉許之文（依例三日／先傍七日）以蔵人頭右中弁之
頼被覧摂政（之文／御書）即被返下大臣許之文令下枝
将之頼傳之可下給之即下之頼、、加太
祢か　大臣手執之後揖皆至是大臣同金昆北
之文奏年々参被奏之御大臣召外記行之屋宣
宣下之事　又被問見参備鑒於右大弁々々同文
可被問行事　弁欲来之後前備之前令打
鐘大臣已下参上殿上中納言經房參議通任朝経
資平経通　摂政被推殿上公卿参上次摂政右
大臣大納言斉信任中納言行成教通頼宗能信兼
隆参定頼備俊参上備数人可御前定有勅儀
脇曾行之　香
日花門高尾被吹艶可之由摂政被殿上同被定給
相中之今日内被定只頌君不被立者束帯文伝光能
時之無伴門以西摂政光見之後吉年文高等文高参
入中之日花門自傳左所臣北方自内之廿年之
文無所見只同巻之所　積已蔵人頭右中弁　経通傳
申已昇以経通被仰之　前名待（依請之之）被
仰之之　種至　理右方人通任経頼起座向無所行之
（仁寿殿西廂為御所）　揖之上仮棟之、文書封納紫宸殿
丹析誠依欲為跡不吉事　蔵於可見

幷初献依殊思召若有若亡事、然於可見傳
者、弥无貴賤過差之中事獨

三月

一日戊午、早旦沐浴、出河原解除、賀茂守道 安倍 石塔小把

被定若宮々〻男女見参日時雑事
日触石云親

五日壬戌、早朝宰相来云、左府及殿下御堂中宮
陰〻實石見子細、早請雑事、其後定之

被補仁王会闕請
公任・俊賢仁王会闕請云〻

被定三条院女子之事
又云、殿以三条院女一親王之、皇后宮御腹、被叙三品

當時院男女　男者左大臣女腹女王、若宮以下

上三条院男女親王宣下事
為故三条院王子令被下為親王之宣旨下也

故花山院御子二人、為故冷泉院王子為親王依

被
例所被行也、是不相合之例也、何以者、御冷泉院
院清仁為花山王子与三条院之例也、又三條院
受為被王子以後之時、議欲於中、而高松腹
給以前後定給、女王入被三条院王子、為親王之天下

有上古云

大殿煩胸病給也
十八日己亥、家業朝来云、大殿煩胸病、依之有意

左大将教通被参給也
自告の来、入者金字、胃病発動、教通退
返可觸、家子若僧中納言
同時勝事、又左大将教通

一日参詣　自近衛殿有被召、依時参以為事之依楽

[illegible]

関白脩事、又左大将〈教通〉一日後許、〈自近衛府[illegible]以時参[illegible]事之儀楽〉

遂未不[illegible]、

宰相今朝許従殿罷出云、向世尊寺詣陣[illegible]給〈禄〉、

〈[illegible]〉只今聊有悩気、驚人〻謙遣布、

〈数度[illegible]〉参来、非明之間、宰相来云、去夜数令[illegible]已講摩

〈五臺山[illegible]圖事宣旨下了〉

請師　宣旨下〈経救〉

〈右〉召[illegible]問[illegible]宣旨下〈成章〉義通朝臣被聴羅[illegible]、

件三个事、皆仰文命[illegible]了云〻、

廿一日、〈戊[illegible]〉早旦宰相来云、[illegible]使聴経者退去、

〈大外記[illegible]〉〈付[illegible]家〉殿遂之大殿後書状云、只今不覚、遂可有出家

事者、今日来有所労、不参左右相待、欲参入、

下遣宰相来、宰相来云、入殿出家、[illegible]

〈力〉源九哉師僧都[illegible]作法[illegible]従事、〈僧〉僧都[illegible]

皆経禄、若晩景参入、宰相〈相〉来、申病重危[illegible]

被[illegible]信朝臣入内中相逢、宰相今[illegible]同季[illegible]

云〻、[illegible]着給朝衣[illegible]〈相〉

〈大外記[illegible]〉被仰〈宰相同所〉[illegible]法名云〻、其後[illegible]

[illegible]

[illegible]

[illegible]

[illegible]

[illegible]
大門之下相扶所着袈裟入道人々退也、有何事乎
者如羅也、事相同大殿内、唯皇太后宮行啓、又
東宮行啓、太皇太后宮・中宮同事、有行啓者
事相同可代奉者、誠云、後為法師人今夕可向
度者
後聞、此事入道、従西門於中門外下給、源大納言
俊賢相云、此事可下給也、唯法皇一人下行
欲、若官相所候也
廿五日、壬午、宰相来、坊之息人右近衛中将来云、参
道殿、被受、已被復尋常
皇后宮女人也、家云々、年来法華人云々、後聞、為
戒師清涼戒也、源大納言入、如此法師後源云
戒師之大僧都慶命、法師懐寿備、無事云
後日法成寺家年八月廿九日、代年三十二日也
家被日後日記可被尋欲

甲巻二十三

寛仁三年夏

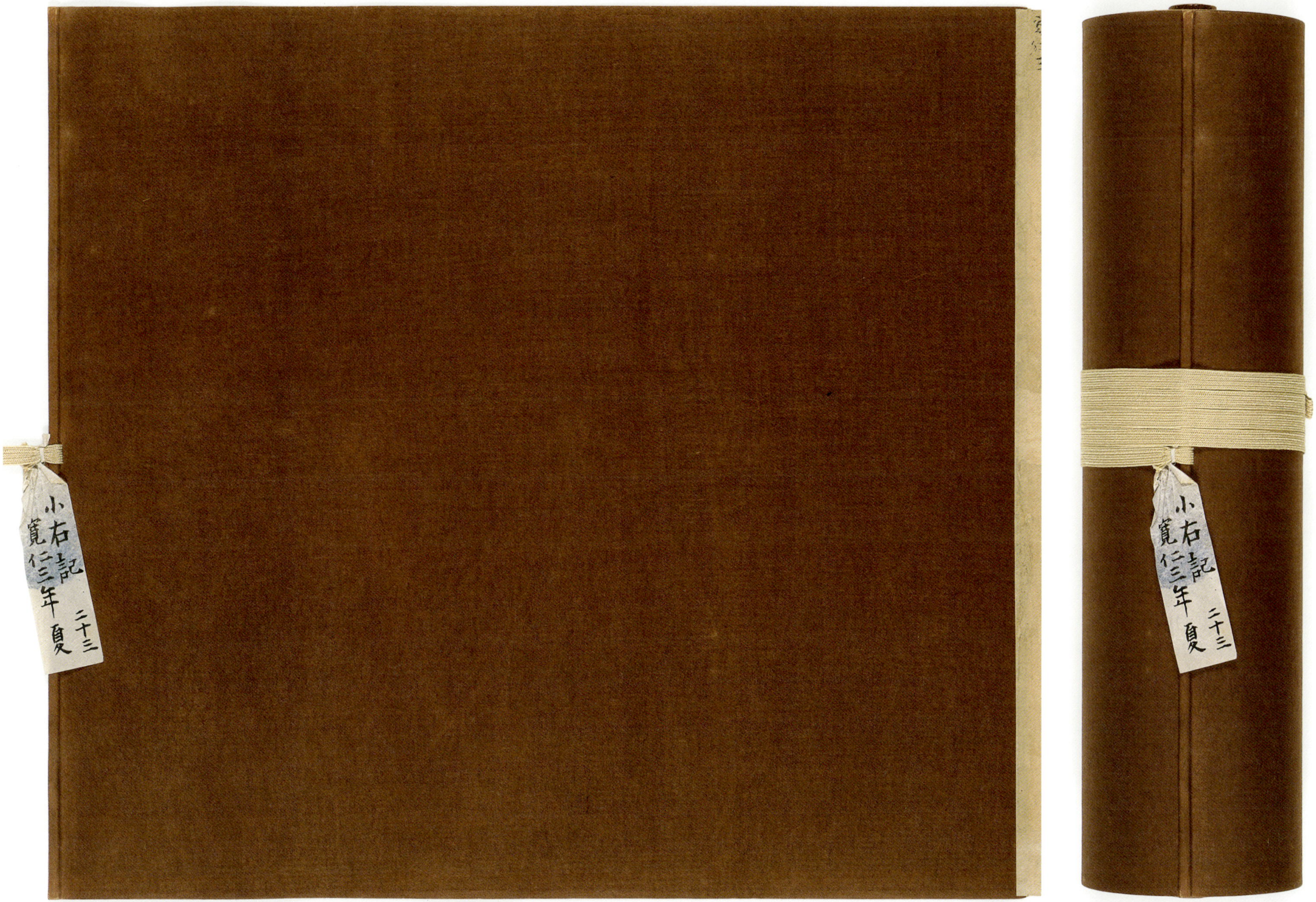
小右記
寛仁三年夏
二十三
小右記
寛仁三年夏
二十三

二十九三
ラ七拾九

寛仁三年夏

四月

一日、戊子、左中弁経通持来宣旨、并春宮院擬

進未勘文、子細在目録、

今日不出御南殿云々、（無南殿出御事）

二日、己丑、宰相来、云、昨日中納言行成・経房・実成、

参議朝経（誠）・資平参入、業遠任着座、

大納言道綱着宿者参大盤一所、相相々、

甚無由云々、

去暮儀懐朝臣来語云、先日余所悩云々、

昨夜中北方有悩気者、大略一日（余）中入道殿、

三日、庚寅、東大寺別当僧都深覚報状消息、

次云、入道殿可従（他）給而云々、其中々首只今或伝

談已令我可思、不堪感歎、可来也者、

四日、辛卯、早朝、以長人入殿重悩給又云、

従横川参宰相、小時帰来云、去夜重悩給、

今朝宜者、下官参不事、傳達頭大納言（俊賢）、

報云、今間未事不也、雖不参有何事乎、尋

常相依卿相違参、後々例也、予他人不可

去夜被行非常赦事

常祖依卿相違案、後之例也、更他人亦不可
馳欤、昔去夜被行非常赦、中納言行成卿
承之、临暁更赦兎云々、子終刻許蓮花十字東西
小道東西大炊御門以南参
冨小路大炊御門人家多焼亡事
権
泉院小道南北人々宅々焼亡、東因頭中将君方之
摂政殿亦欲参、臧之間宰相中将亦参、入亥剋許退帰、内方
衛白昼刻欤

五日壬辰、擬階奏加署、
参入道殿、源大納言 俊賢、四條大納言 公任、二位
宰相 兼隆、右兵衛督 公信、右大弁 朝経、先参、二位
門督 頼宗、被命云、此四五日大将得不能相逢、
之参、昔院右中弁経通乗宋車後参入、
宮之書車出馬事、去年以来親朝臣之祖俊院司等
院司等同俊令作御葬、中左少将成信
内宮基房及垣下院基粉飲等、院饋帰退、
酉刻許北隣佐光朝臣宅西廊上投上火煙

去夜々帯刀町焼亡事

敷之間室相宅人見付、驚人等撲滅了、又今
夜戌刻許上東門大道以北帯刀町東西小
人宅等焼亡、去今夜焼亡皆盗人所為云々、又去月
焼

常陸介惟通女被焼致事

晦比両夜四條小人宅焼亡、常陸介惟通旧妻
宅、群盗付火、惟通女被焼致、当時已無、息行方
人抱膝作天
京
六日癸巳、京中處々不論昼夜皆是盗賊所
為、無爲法之所致也、昨日卿相参会入道殿

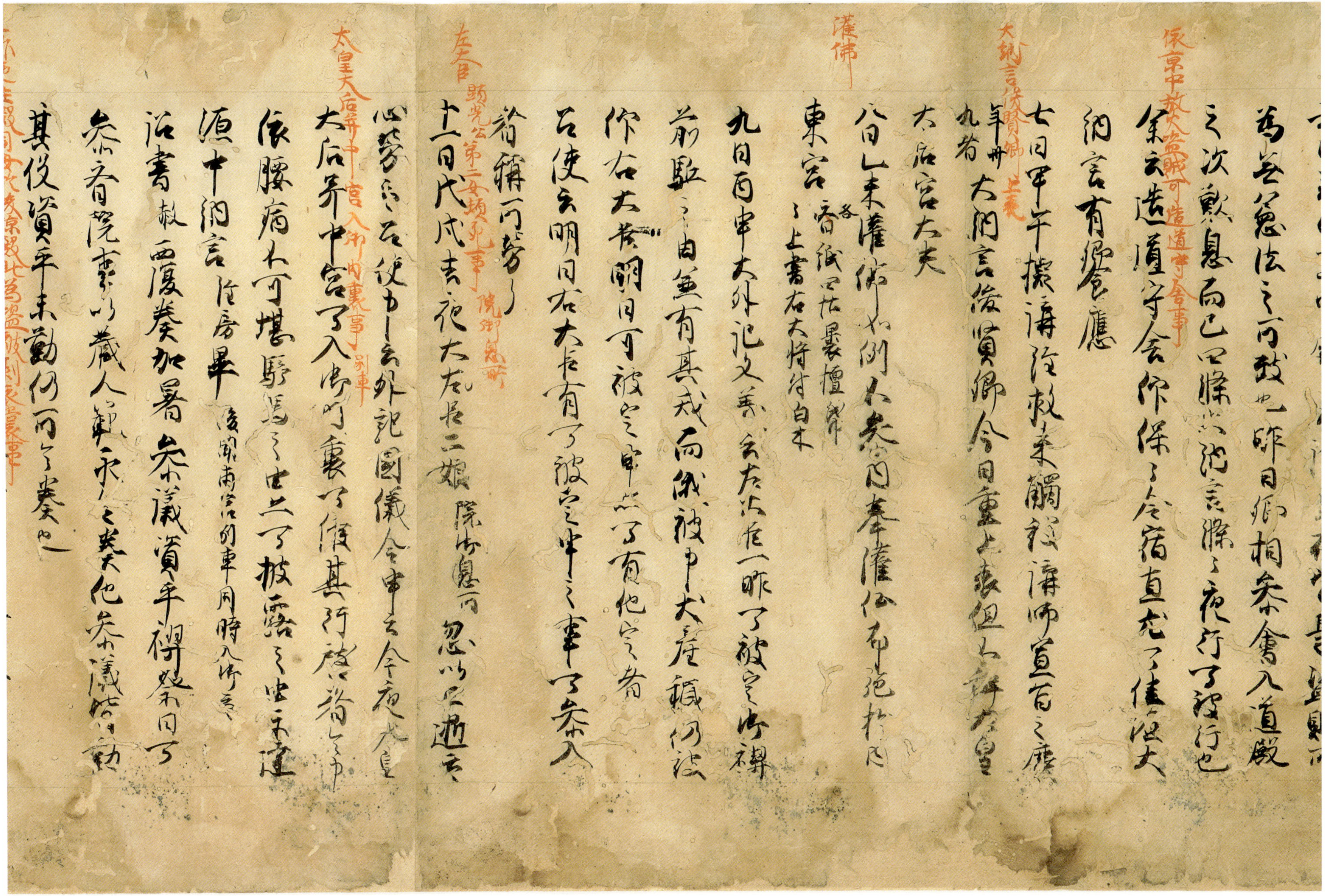

(3)

其後資平未勤仕、可令奏也

一所夜主殿司女於後涼殿北馬道盗被剥衣裳事

十二日、乙亥、将曹正方云、昨夜主殿司女於後涼殿北道為盗人悉被剥衣裳、者捻刀成損、不令致呼声云々、未聞之事也、仍所為近可説里事乎、可謂末世悲哉

飛香舎放火打滅事

十三日、庚子、去夜飛香舎放火、撲滅了、去盗園行使打滅、又此東町小人宅放（火）、帥中納言家（帥亦宿直、夜々宿舎上云々）

小野宮東放火打滅事

宿直者見付告、即打滅云々、連夜（京）中往々有斯事、放火不可為云々、就中宮中事、極可怖也、何不降天譴哉、公家無可被定行恩可恩者、捕進行火者之輩可加殊賞之宣旨若可被下歟、代者有怖畏歟、此由密々示達左将大納言頼宗通、放火事不断者、天下之大（事）歟、此両三日間、諸将造道守舎云々、去五日帰坊参會入道殿、有（中）意行火事、廿一造道守舎事、余可陳也、其後宮人来云、仰也云々、別当被申在、仍随殿計之、仰下歟、後日又宰相会、未遂云、夜行被行（事）未別当、其次仰道守舎事歟

伺捕宮中放火者賞以左右衛門尉申被召仰瀧口等事

十四日、辛丑、蔵人範永来、仰云、資平朔旦巡到者、可為御祭何行事者、右外記国儀仰宣、可参者、院事、御祭（日）瀧口把炬兇云々、去夕蔵人左衛門権（佐）資業伝仰、瀧口等宣旨云、伺捕宮中放火者、賞以左右衛門因来伝帥宰相消息

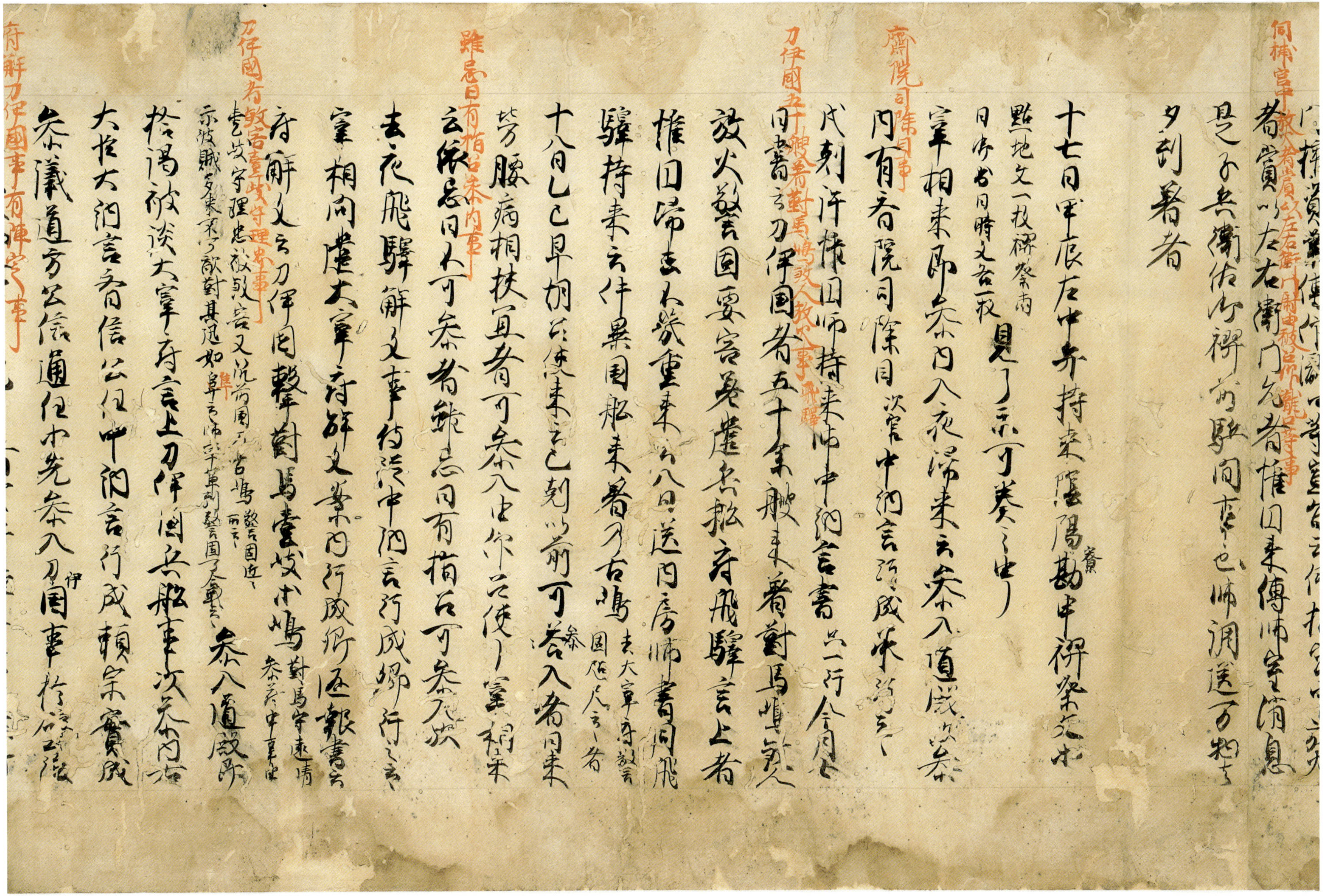
者賞以左右衛門之者推因来傳師宮消息
是可兵衛佐所御前駈向東之師詞送万物書
夕剋着者
十七日甲辰左中弁持来陽明勘申御祭文并
點地文一枚御祭雨　日時勘文一枚　見了示可奏之由
宰相来即参内入夜帰来云奏入道殿以奏
内有齋院司除目　次官中納言所成不満云々
戌剋許推因師持来帥中納言書状一行令々
日書云刀伊国者五十余艘来着對馬嶋焼亡人
放火殺害国要害兵庫兵船府飛驛言上者
推因帰去不幾重来云八日送内房帥書問飛
驛持来云件異国船来着乃古嶋　去大宰府数百　国飛人云々者
十八日乙巳早朝兵衛佐来云巳剋以前可参入者同来
労腰病相扶可参者可参入也仍不使人宰相来
云依召今日不可参者然志因有指召可参之状
去夜飛驛解文事傳説中納言所成卿所云々
宰相同道大宰府解文案内所成所申報書云
府解文云刀伊国解對馬壹岐嶋　對馬守遠晴
壹岐守理忠被殺害又筑前国乃古嶋　殺害国近
捨遇被淡大宰府言上刀伊国兵船事次参内　参入道殿所
大将大納言斉信公任中納言行成頼宗實成
参議道方公信通任巳先参入刀伊国事

府解刀伊国事有陣定事

参議道方公信通任等先参入刀伊国事於陣座
同行成卿事定了者余着陣座大弁依府
解二枚今月七日八日解又公云可被行事可定申又言件府
解任宰載状云可作奏然飛駅申状如何余答云諸
卿〻儀如何大弐云警固要害可加追討有勤
之者可加賞事府解任宜載頂給官符什
而飛駅符遅到欲承上臣飛駅猶可給勅符
但官符又可注遣例也又可賞事之寄前例
載勅符何可載官符可被行種〻国外祈祷
山陰山陽南海道等可警固国要害事等定申了
余云此外又大可申但一〻警固国事同可給北陸
道欤大弐仰左大弁道方大宰府見寛平外記
日記云有警固北陸山陰山陽南海等道要害
之由余云〻中者又云飛駅者可給官馬牟〻不覚
由被問外記無所見者諸卿云雖遺無所見者之
可給欤抑而所量也者未被行勅符事之前
称何労退者　被問見飛駅式被載遣時給
官馬返遣之時無所見然遣例可給欤
後聞可加賞事飛駅状事猶被載勅符者
少納言信通所候式云賞事不可被募云
飛駅二人給官馬云

御禊事

十九日丙午未剋許参着院官相〻従参入宰相
着殿上人座上首行幸弁経通着同座外記史

著縁上人在上首行事弁経通着同床以記史
著南床今日院司良光長宗光清朝任依
禊祭判未究進院事雖成進竊以狩襖未用
又下仕裳少々不足者又申云下仕裳不足以舊
裳令着如何又進竊狩襖用舊如何者令作
云事已臨除期不可乖両々様可汁行之由
令右府也以行事弁相府云先日進禊祭未進
勘文其後不申左右已知究進事已臨當日申此
由不了代者先見所牛中臨申刻見下仕十人清
中義道朝臣勤盃以余盃不可擬之相次
更余授義道々々擬宰相衛府前駈次将使
中々着座大蔵人可陪従二人着床自余皆跪
故障後院外着申刻等将車余於一条院
北邊見物宰相乗車之後日未入之間着其従
計也東院東大路同日入坎右兵衛佐資輔牛童
右兵衛佐資輔牛童狩衣袖銀薄紋紅袴
狩衣縫目押銀鈴轡拾犯違使等自着院次
以者皆長今日擲牛童道進入人宅即以輔
朝臣騎馬宅也者皆長進捕之間左衛門尉為親
出逢作不了捕之由者皆長擲為親従者将来以
官人即禁固者皆長為為親従者抜刀斬衣袖
又被損負軟云々懐信朝臣云騎馬之間人々制之不
為親並前駈仍騎馬不會者皆長太無益事
也者祭後廿四日問為親従者依為親申所為也

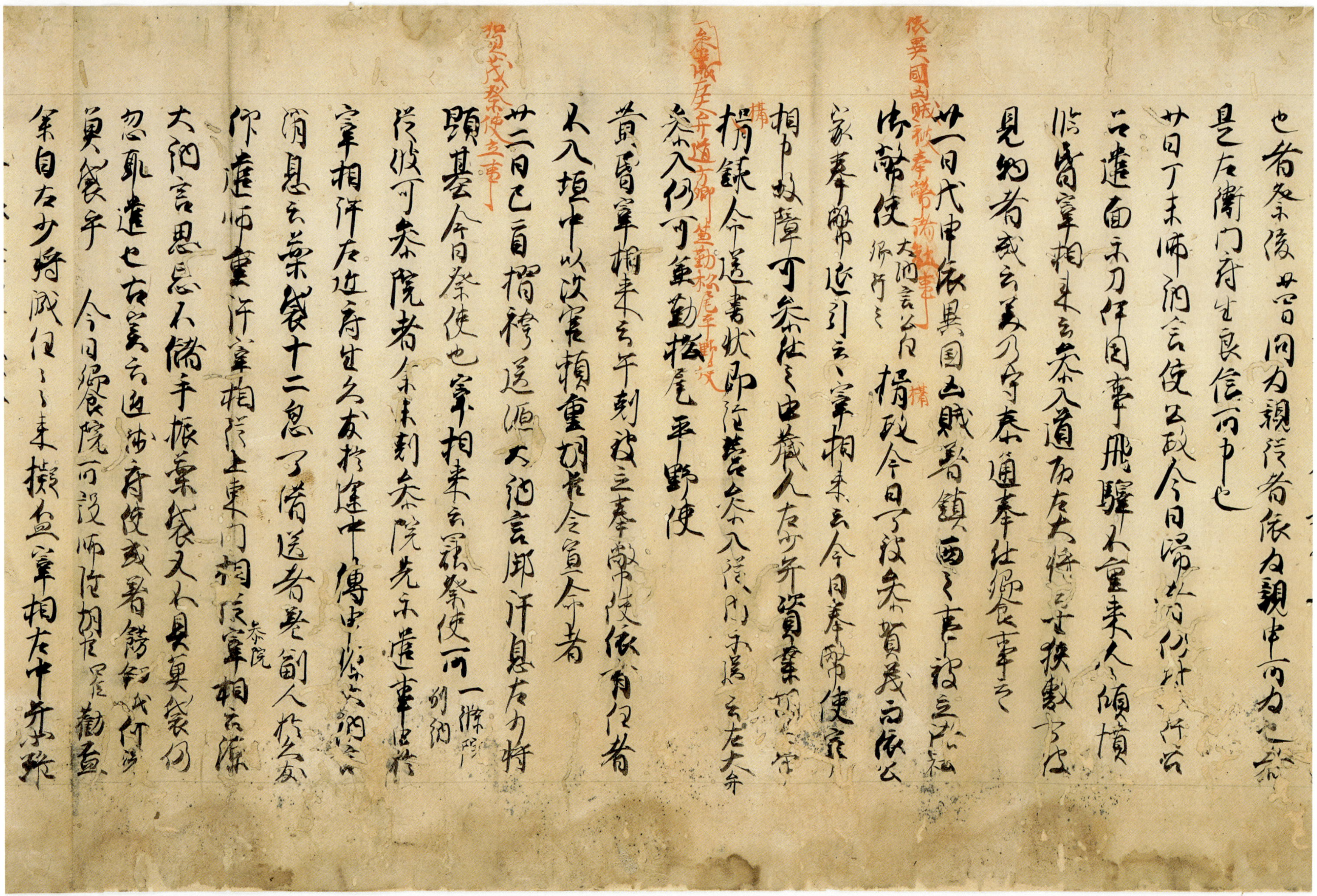

也者、参後、昨日問内親行者、依内親申可為之者
是右衛門府生良信所申也
廿日、丁未、帥納言使正政今日帰、於治所行云
云〻、進面示刀伊国事、飛駅不重来、人〻傾嘖
修宰相来云、参入道殿、左大将以下被談云〻
見物者或云、美乃守泰通奉仕饗饌事云〻
廿一日、戊申、依異国凶賊者鎮西之事、被立諸社
奉幣使、大納言公任卿行之、摂政今日了段参賀茂、右依公
家奉幣也引云〻、宰相来云、今日奉幣使、宣命
相中故障、可参仕之由、蔵人右少弁資業伝之、宰
摂政、今送書状、即従臨参入、陣不見云、左大弁
参入、仍可兼勤松尾平野使
黄昏宰相来云、午刻殺立奉幣使、依有仰者
又入垣中、以次官頼重胡床令宣命者
廿二日、己酉、摺袴送源大納言、昨許息右少将
頭甚、今日祭使也、宰相来云、羅祭使所一辨所別納
従彼可参院者、今未刻参院、先示遣事由於
宰相許、左近府生為友於途中伝其
消息云、藥袋十二息、了、送者卷剣人於為友
作莚師重許、宰相従上東門相従、参院、宰相云、源
大納言思慮不備、手振藥袋又不具、莫袋何
忽取進也、右宰云、返本府使或者鐙鈎武所
莫袋乎、今日饗院可設、師従胡床、勧盃
宰自右少将被侶、又来、攝盃、宰相左中弁不能

依異国凶賊被奉幣諸社事
参摂政亭并道方卿、並勤松尾平野使
賀茂祭使立事

余自右少将職任〻〻来擬盃事相左中弁不能
在座依無便擬職任師任職任等依饗事為
垣下在座〻〻催院事長官光清申云〻衛府
了者見餝馬童女馬〻〻〻令一疋未将来且之師
宮了被出〻〻馬也重〻催仰也〻〻衛府中判又
有催氣仍起座退出間〻〻寄御輿下騎馬女十
二人騎未遅騎申云借奉女等遅参来也仍
不能早上騎者不乎乞上騎時剋推移借之
了以院司陪從等内御衣未從出又童女汗衫未
從了者此間良久傳之院司申云師〻公馬
被申人堪者仰院司相摸了奉〻〻出申無術
中童女一人不借奉依無馬也時剋多移乗給
御輿余於一条院北邊見物之事相乗車廃未
及酉日星御後從奉了者後了帰家〻〻後小将事
獨
廿三日庚戌今年六殿御馬舍人禄二位宰相子
中宮真無房給絹十五疋被物之〻〻皇太后宮史
真資政東宮使學生(士)廣業過差無極前駆
身有生為草馬織(孫)條十疋八木卅石被〻(物)〻
人〻狂亂也〻〻甚臣或給飼禄絹二疋或手作
布五端加被物之〻〻中〻不可陳盡
御厩前駆右衛門権佐章信乗大殿御馬給鞍
絹十疋被物等陳之中(少)寫馬等無極給飼手作布

絹十疋、被物等陳今由寫厚無極、右衛手作布
五端云々

寛平六年新羅凶賊時對馬美材自筆宣命草事

廿四日、辛卯、寛平六年新羅凶賊時宣命、對馬美材
自筆草、慮外尋得、今般無指事、祈大所者乃
宣命、送源大納言、許有之、寛両殿入道相府書寫
送之、件大納言為令見宣命趣云々、大優敏云、美
材文筆、抜郡群者也、見宣命集者、又無入道殿
夜前参内、僧綱五人、前僧四人、中童子二人、大
童子十二人、長一人、旅籠等随身、着衣、從相府
以下家子供奉、今日被定了、其装束云々、僧正
猶信為師先於南京受戒、次大僧正慶圓為
師可有廻心法、院源棲云々、当家之禅随
天台人受戒、甚非也、更被受聲聞戒如何、猶過差
者不可云欤者
可定相撲使事、以将書正方云、進中将公成、所
有返事、儀懐朝臣云、去夕入道殿御前僧外座
四人者

異国賊山崎由達言事

廿五日、壬子、早旦、惟固来云、鎮西事已無音者
帰去後、又来云、備後中参上、着申云、異国
者兵人所云攻鳴打得其一人、付兵士令参上
者、先是云上、可左右哉、直令参上於荷留山埼
可遣哉之由指示了　後聞、此事大虚言、更無令参上之者、近代之事為虚言之

異国人合戦西府事

酉時、許惟固持師書、去十六日示異国人来九日

参上之者云々、近代只以處分云々

酉時許、帥書来、十六日、異国人来九国

（朱）異国人合戦、西府軍平為忠・同為方為帥首有功

来着、合戦子細在府解、又示可辞退

之事、惟因去使者乗舟参上、但異国合

戦来着能古嶋、同九日乱登博多田、府兵

忽然不能敵戦、先平為忠・同為方等為帥首

馳向令戦、異国軍多被射殺、不留戦場、持

入船中、又有弃置者、又有廿勇者十人集

取兵具、所當者一船中有五六人、合戦場毎

人持楯、前陣者持鋒、次陣持大刀、次陣

弓箭者、箭長一尺余許、射力太猛、穿楯

中人、府軍被射殺者只下人也、力将軍者

不被射、乗馬馳向射取、只退加不良聲

引退（刀伊国人々中有新羅国人云々）乗船直去、隔嶋岸棹船

府軍小艇无兵船、不能追撃、従陸路馳行

刀人更下船焼欲営前宮、府兵射殺前

兵一人、敵兵乗船逃遁、十日十一日北風烈吹

不得還渡、還留海中、神明所為、放南日向府

令営造兵船卅八艘、令追襲賊徒、直去指

本州、遣大府兵船又令廿餘艘乗勝逐之

又致行胡島調十余艘相逢、但先可到壹

岐・対馬等嶋、限日本境可就襲撃、不可入

岐對馬等嶋、限日本境可襲、不可入
新羅境之由、所皆可誡仰也者、又今
以此次令仰被討平也、賊徒甲冑兵具等相
被奪取、又云從嶋令捕進刀伊国者三人
十六日以前所承也者、縦横記新信受而
已
後聞、帥使說、壹岐對馬嶋人等悉取載船
令乘之間、嶋人不叶云、馬を駆かけ天射与不
々病しにたり、伺賊軍等駆追射刀人追走
帰来、舟與向被取載之二嶋者、多不從船
道来博多田云件刀人乃肝多食、又不多歟
以馳馬以加不良射面仁有恐怖氣者、又
云以見乃箭、長落置博多田津云々、食之
廿六日、癸丑、今日山階寺物忌、右中弁經通来、
大宰言上異国凶賊事解文、捐（攝）政可被奏
之由、被聞右相府、御返事云、
動不能參入者、若被仰下宣旨者、奉之
府令同事子同物忌也、若有捐（攝）政事
中此趣之由相含、訖弁云、披案、有可勞者
被示可准大納言欲者向達案内報云、明日
可被定之由被聞右府了者
廿七日、甲寅、早旦將曹正方申云、中將所成月

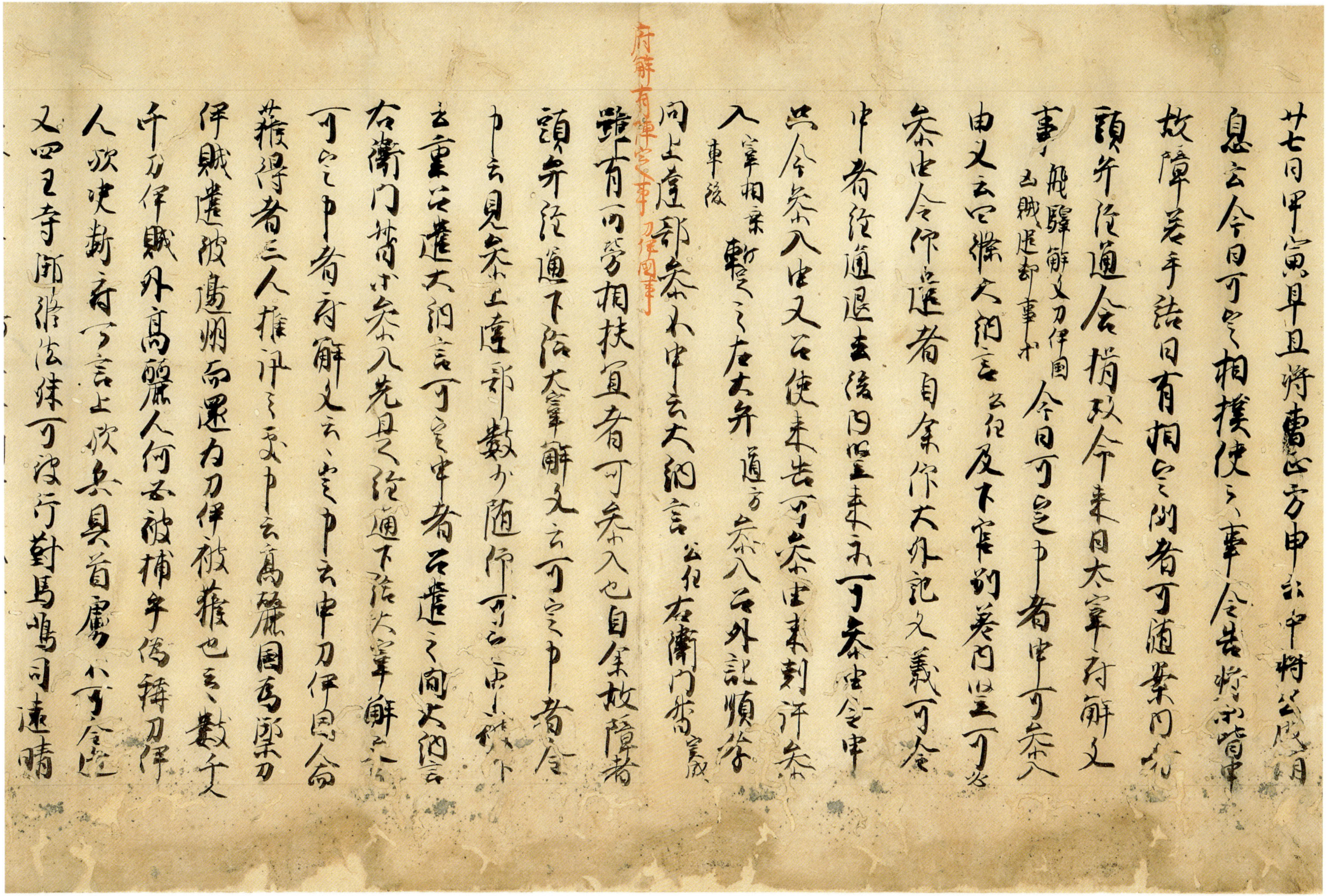

廿七日甲寅、早旦将曹正方申云、中将公成有
息云、今日可定相撲使之事、令告将監、皆申
故障、若手結日有相定之例者、可随案内者、
頭弁経通会消息、今来日太宰府解文
事 飛駅解文刀伊国凶賊退却事等 今日可定申、可参入
由、又云、只今大納言 公任 及下官到著内豎、可召
参由令仰遣者、自余仰大外記文義可令
申者、経通退去後、内豎来示可参由、令申
只今参入由、又右使来告可参由、未剋許参
入 宰相乗車後 轅之、右大弁 道方 参入、右外記順孝
問上達部参不、申云、大納言 公任 右衛門督 実成
雖有所労相扶宜者可参入也、自余故障者、
頭弁経通下給太宰府解文云、可定申者、令
申云、見参上達部数少、随仰可定申由、被下
重召遣大納言、可定申者、召遣之、問大納言
右衛門督被参入、先是経通下給太宰府解文
可定申者、府解文云々、定申云、中刀伊国人令
獲得者三人、推問之処、申云、高麗国為禦刀
伊賊遣彼辺州而還為刀伊被獲也云々、数千
千刀伊賊外、高麗人何不被捕乎、偽称刀伊
人欤、使新府可言上欤、兵具首虜等可令進
又四王寺修法猶可行、対馬嶋司遠晴

府解有陣定之事 刀伊国事

又四王寺修法殊可致行、對馬嶋司遠晴
早可遣本嶋、但差留事ゝ堪者令勤防護
仰国ゝ令運兵粮、仍遣防人、又壹岐守理忠
被殺、其事此度解文[?]尋問可言上也、而無
其事、可仰其由、次事若有實者、遣[?]
使可令殺害國哉、定申趣以經通令申攝政
命云、但上達部定申、可給賞等者、但兵粮[?]
可注進之由可加載報符者、即件事ゝ仰經
通、又下給府解、可載報符、暁景退出
詔書無度奏事、大外記文義申之、仰可申次人
之由、後聞、大納言公任卿奏之　後日大納言云、先可向內侍候、而不向
直奏恩失也者
廿八日、己卯、宰相来、退去臨暁又来云、參入道殿
攝政殿、并無[?]事、律師同之、甚云入道殿[?]寝
[?]心地不宜之時事也者

天文博士吉昌卒

天文博士安倍吉昌朝臣卒云ゝ
廿九日、丙辰、無事

五月

入道殿卅講始

一日、丁巳、今日入道殿三十講始、未刻許參入、

賀茂社[?]事

御堂南廊被招入簾中清談、其次申賀茂
社司至事、天台申西坂　西下至事等也　經頼朝臣来申其事者
天台司至定等令勘申了、而未經御覧之由
承、驚而已、命云、經頼在國、今明可參上云ゝ

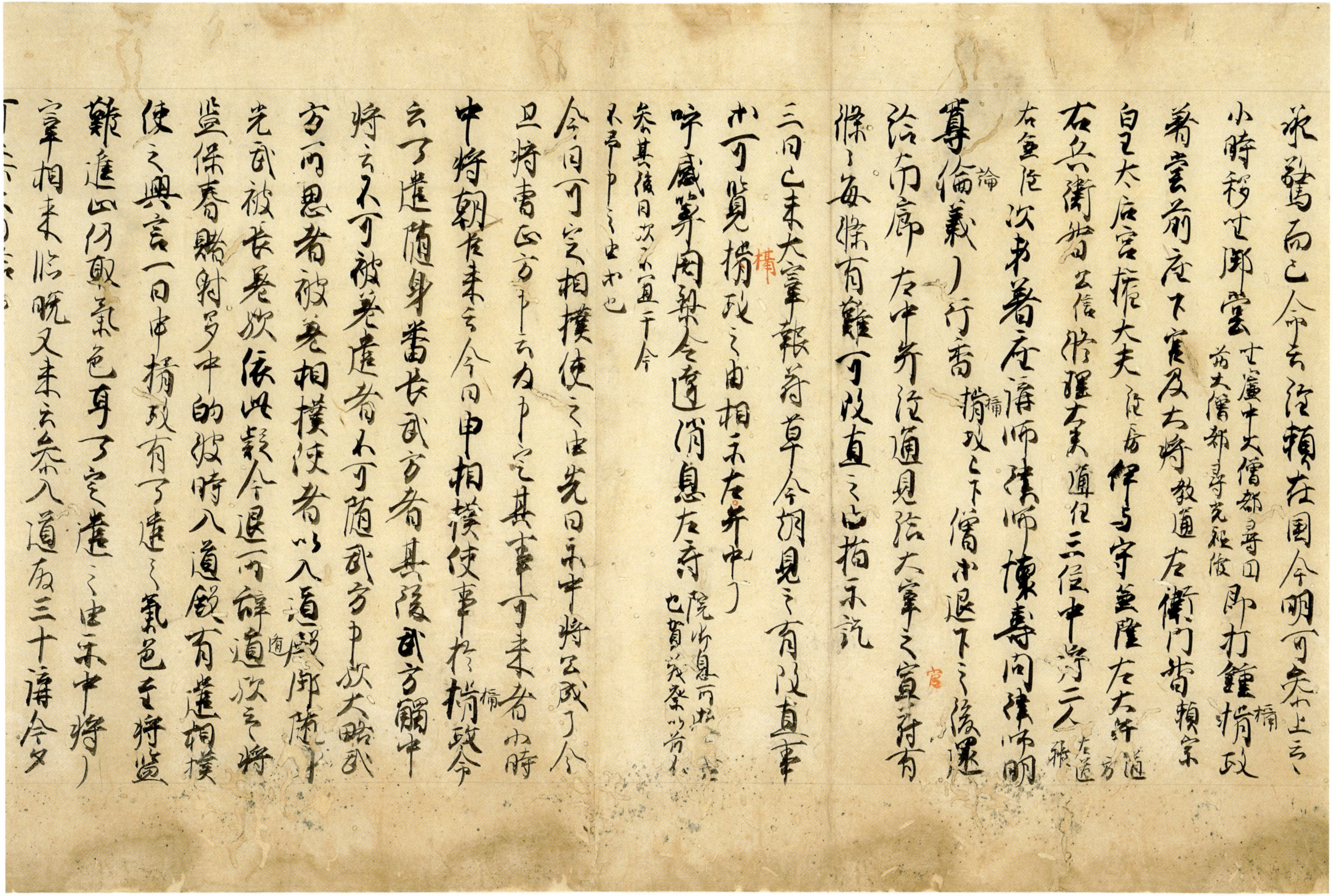
承驚而已、今日云、従頼在国、今明可参上云々、
小時移廿御堂、廿廣中大僧都尋円、前大僧都尋光祇候、即打鐘、攝政
着堂前座、下官及大将、教通、右衛門督頼宗、
皇太后宮権大夫経房、伊与守兼隆、左大弁道方、
右兵衛督公信、修理大夫通任、三位中将二人、左道雅、
右金経、次書着座、講師・読師懐寿、同律師明
尊、論義了行香、攝政已下、僧正退下之後還
給前廊、右中弁経通見給大宰之宣旨有
條々毎條有難、可改直之由指示訖、
三日、乙未、大宰報符草、今朝見之、有改直事、
亦可覧攝政之由、相示右中弁了、
呼盛算、因染令遣消息左府、院消息可然之由也、賀茂祭以前
参、其後日次不宜、仍今
不定申之由示也、
今日可定相撲使之由、先日示中将公成了、今
旦将書正方申云、右方申定、其事可来者、小時
中将朝臣来云、今日申相撲使事於攝政、令
云、可遣随身番長武方者、其後武方翁中
将云、不可被差遣者、不可随武方申、欲大略武
方所思者、被差相撲使者、以入道殿御随身
光武被差欲、依此疑、今退可辞遣、次又将
監保春、賭射多中的、彼時入道殿有遣相撲
使之興言、一日申攝政、有可遣之気色、于将監
難進止、仍取気色、可有可遣之由示中将了、
宰相来、臨晩又来云、参入道殿、三十講今夕

宰相来臨暁又来云参入道殿三十講今夕
可参大内給云々
左中弁示送云給大宰府官符令覧揃〔揃〕我殿
了入今云大宰但可入農業不可懈怠之由者依
無所事不令作件事要須事也去寛平
去寛平五年新羅勅符事
五年同五月三日勅符云追討新羅海賊事当今勢在
農要勿令失時且仰且田良時之術勤制奉行
相撲定文府生保重持来見了返給中将公
成少将良頼隆国等定
四日庚申大宰府解文従左中弁許見送之
此新猪就表来文可改新猪来隠之由一不遣
了件官符今日請印云々
入夜府生保方持来手結中将長家少将隆国
良頼署行
五日辛酉早朝下給手結日下部護行草部
府掌武晴書返衛件両事示遣将許有
馬場所進糒藤敵酒等
六日壬戌真手結将禄大褂射手官人禄絹六疋
射手物節已下禄布九十端但四端有餘剰
雑駆仕料之饗食料米兼日給了今日手結頓
下五位六位等差遣之戌刻許府生保方持来
手結中将公成長家少将隆国良頼署行
七日癸亥早旦下給手結
八日甲子今日欲参内并三十講而夢想不
静仍不轄車

辭、仍不輦車
四條大納言被示送状云、昨日依有損故所消
息、今日參入可行勅書事、是入道殿御封事（入道殿御封勅書事）
云々、大入道殿御時事若有所見歟、御暦被注
乎、故宣義朝臣所作勅書之中有此勅、先入道關白
但人賜爵猶據三宮、封戸不改、勅書中但人
賜爵之儀、據三宮以不改、菜邑第之制割
二千戸、而來加之、表状云、讀月日勅書、賜其封戸二千
戸、但人賜爵據三宮云々、勅答辭其准三宮之儀
謝以封二千之制云々、業之家初勅書割二千新
加之文、本封似加別封二千、依之論可書之文者
宣義所作也者、家之人何有他封、職封乎、表
并勅答者只有別封加字、然無可疑、仍又勅書
初之旨皆奏、近代不代今被加、所見眼、此事如何
無御書者、不就御所只可奉損欲先例録
者、報云、暦無所注、或書云、只入道殿例注准
三宮年爵二年官并別封二千、称之家人不有
任職封、欲之無御書之文、不可被奏者、古
就御所奏聞、從御所被催損改所而近代不
代、但事已不輕、近御所被奏、宜欲可有事類
者、先示奏者、隨案内被遣、以此仍近代事不
似古者耳
九日乙丑、昨日勅書趣并無奏不等事、向達大
納言御許、報云、但人賜爵如故不改、又封戸二千

納言所汁報云、但人賜爵如故、不改又封戸二千
戸、不可有位職封、仍只改給別封二千戸云々、
如大入道殿御時、於入道殿申案内、付御□可
宜者、仍返事一両事、令覧、撰政被准御所者、此事
令恩案、宰相来云、今日故三条院御国忌、於法
興院被行、法性寺座主僧都慶命来云、東北
院供僧補任例文不詳、求出又院中文書二紙
一枚、当今可給作書者、例文顕故、為信真人
不知是一両座主云、十八日以前可賜作書者、報
修明若有宜日補任文可奉進之由了、臨
昏宰相来云、参三条院御国忌、次参平左府
十日丙寅、宰相云、参入道殿、簾下被招入、左兵衛督
頼宗、并資平被雑務饗餞、大后日来時々悩御
云々、今夕入道殿参入給云々、
十一日丁卯、宰相来云、皇后宮日来重悩御、時行
邪気相交云々、臨夜又来云、今日参内、并入道殿
明日可被行之祈年穀使、中納言卿行成卿兼
行之者、
十二日戊辰、宰相同示送云、今日依八卦厄日籠居
而右使来告可参入之由、申障了、其後同宮
道方朝臣
来重云、今日可参由、就左右大弁不可参、依可
書奉幣使定文、両云々、夜閑西方有火、人々
云、西京大炊者不幾焼
十三日己巳、去夜火事、問人々、中云、中務省

監物局板舎焼亡
入道殿卅講五巻

十三日、己巳、去夜火事、問人々、申云、中務省内
監物局板舎焼亡者、去夜不聞案内、仍不参大内
未剋許参入道殿、宰相同車、今日三十講五巻日
以二位宰相兼隆被命可相逢、少時出法堂前
可相過由、以右将軍被命、奉謁良久、清揖談
致及卿相参入、仍入従簾中、令打鐘、僧侶参
入堂、童子着座、法用後、頒花莒、次僧侶退
下、揖致々下、諸大夫并上官六位執捧物三廻
僧侶前行、薪什遅々、数度被催、従以列行、揖
致々下、上達部執捧物三廻了、置庭前、皇太后御出御堂
御捧物有風流、真宗頼、蔵人頭右中弁持之、立上達
部次、殿上人々下捧物置堂前廊、数長送
置其上、袈裟・御布・包物等、諸大夫取置、置者
近衛府官人々下取置、講師権律師懐寿、内
律師之基・輔従并論義問答如常、佛事了
後、僧侶有饗饌、其寄退出
今日卿相揖播致、以大納言公任・中納言行成・教通
経房・頼宗・實成、参議兼隆・道方・頼定・公信・朝経
三位中将二人道雅・兼経、参議資平
皇后宮先日為尼、去九日更剃御髪、為法師、依
御病危急、是二位宰相所陳、昨日参入所聞
者、又御病危殆之、院御出彼宮云々

者又所病危殆云々、院所被宥云々、
十五日、辛未、今日補東北院供僧二人、権律師成勢辞退替以皇念補、
但阿闍梨済仲死闕替以安慶補、以遠江守兼成令書下也、作書在裏、
【祈年穀奉幣使立】
十六日、壬申、祈年穀使立、中納言行成卿行之、
宰相来云、昨参皇后宮、御悩不軽之由、按察相
示之、
【天台四至官符事】
左少弁頼経来云、天台四至事、昨日申入道殿、令云、
但宣旨可為天台領、件四至内田三町余、見為若
干為禅院燈明料之由、山城国司言上、彼寺宣旨
等為禅院領年紀多積、仍可為天台領之由、又八瀬
横尾住人依四至内天台可召仕者、先年以数通
例者、可作宣旨之由、仰弁了、但宣旨草可
見、又可令覧入道殿、四至内宣旨又云西限大
水飲者、謂下水飲、則是禅院云々、
十八日、甲戌、身代以燈空闍梨令斎食読経僧
二口、増昱、念賢、施僧供料、
午刻許参東北院、宰相同車、家僧等如
恒、供養法華経・心経・仁王経、調誦了、例也、行香了、
申刻許各退散、入夜大納言・宰相・頭弁経通、保
昌・輔公・守隆・理義・重義・孝義・儀懐、五位・六位
有数、
十九日、乙亥、参内、宰相乗車尻、諸卿不参、参母后、

十九日乙亥、参内、〈牽牛乗車、忌〉諸卿不参、参母后
御方、相逢女房、有仰事等、是入道殿御出家
間事等也、小時参入道殿、謁演始間也、下官来参
之前、大納言公任、左三位中将道雅在座、小時
摂政〈攝〉中納言教通・頼宗・経房・参議兼隆等参入、
摂政〈攝〉令云、可定仁王会事者、申可承之由、次
頭蔵人可承仰事、摂政〈攝〉召経頼〈蔵人頭、依仰〉〈右中弁、仰〉
之、就下官後仰云、可定仁王会事者、今召
申明日陰陽寮可候事、例又可候事便
仰経頼差行事弁有次申内、其中皆有其
廻者例、仁王会欲始、何弁云、未承、左右余申、摂〈攝〉
政命云、於大極殿立百高座、可行者、又命云
前例不定、或時以大極殿一所被行、或又不必院
宮者、申云、神社・院宮、摂政被行、大可善、摂政
被諾、明日可参入、申面仰左大弁〈道方〉
廿日丙子、参内、〈牽牛乗車、忌〉先是、左大弁道方
参入、以右中弁経頼伝仰陰陽寮、令勘申仁王
会日時、又向文書等、候不背具候者、仍移着
南座、即申日時勘文〈廿六日時／廿九日時〉、又進文書〈前々定文／文祢校〉
行事・定文・僧名・夾名〈内供・阿闍梨夾名・名僧帳等〉、硯置大弁前、即令書定文
大極殿〈百講座〉講説了、〈別有講師・読師、其外皆講師、又別有紫宸殿・清涼殿・太皇太后・皇太后・中宮・皇后〉
〈宮・東宮・五宗院〉神社以次第如此、文書検校一紙〈中納言藤原朝臣実成／参議源朝臣道方〉
行事一紙〈右少弁藤原朝臣資業　右大史小槻宿禰貞行／左少史宇治忠信〉

〔朱書〕仁王会定事

[illegible]
初於[illegible]次第如此
行事一所　右少弁藤原朝臣資業　右大史小槻宿禰貞行　左少史宇治忠信
書了送余許、副件文等　三通　余披見了、蔵
苔　初蔵文書苔也、撒彼文書等士　蔵文日時勘文捺校文等　以件通奉摂政、御
宿所　但行事定文　不奉是前例也　覧取趣者、以中可被仰捺校
上之由　其後向案内云有可除之人、令向其趣之云有早寇　事而已者、示了、有異国之賊事之由
即返給定文、中云、廿六日可行、又云、皇后宮上
書中宮次第違濫、改書中宮上、可下賜者
余申云、去春仁王会定文如此、仍一両書也
但今申改書了、下給、此由一々可読申、仰弁可令書奏
之、向改書、有煩之、内大弁有悩気也、日時勘文
僧名定文捺校定文、行事定文等、欲令給行
事資業、仍召左中弁云、依有病者忽罷出了
先下給了、改給後者、仍件文書等下左中弁　日通　一通
僧名一通、日時勘文巻加一通捺校　定文一通、行事定文巻加一通下給　昨日召弁大納言云
去春仁王会書皇后宮上書中宮、又東宮不書
小一条院、今申此案内、令云移付之、時皇后宮　初定
者可書中宮上者、仍可改付之由仰弁了　右府
後時捺校　大納言公任　院与東宮次第無左右、令者令同
見彼時定文並改書、仍如定文、一同之了書也
向右大弁朝臣云、彼時有可改之仰、然而不令
不書改者、右大弁申有恙、有今日参入、左大弁
道方、右大弁朝経、給資平、有刻退出
今日蔵人式部丞範永下給宣旨一枚　自廿二日　被始行
[illegible]

今日蔵人式部丞範永下給宣旨一枚（自廿三日被始行）
（孔雀経御修法宣旨）下左中弁　右中弁下給度者宣旨時
来宣旨其中又有宣旨者讀之間如此之間若
他上令讀欤者而中文端又上弁弁月
日甚可有吉也又〻間予而答云揩（標）頭有隙覧當
日者日限可〻勘讀之依奉勅宣一日被下也
者余答云弁者放讀又可宣下之由相示了
入夜右使来云明日右大臣参入可有定〻者只
今稱有犬死穢之由
廿三日乙卯、源中納言使告云明日被立祈雨使
（丹生貴布祢）而源中納言并〻
使蔵人
廿四日丙辰、尋清律師来（来）他僧等多皆来任
王舎事答可觸檢校上之由
早旦宰相来、即参入道殿、向晩又来云、昨日
卌海賊願又云、今年受領等兆晴事多依例
年、又云、午時被發遣丹生貴布祢使
帥納言消息書（今月十日書）今日到来云、追打
刀伊（賊）之兵船未帰来、仍筆不云、上帰来之後
可上府解、兵船不自壹岐向對馬了者、其後
不聞案内、疫癘方發、無有術、但以万事令遣
兵船戎具、未令勤行要害警固事、追打刀
伊之賞軍等、皆有無心武者等、而于今不帰
来、太以挙歎者

（朱書）追打刀伊賊兵船未帰来由帥消息事

来大以挙歓者

入道殿卅講結願

廿五日、辛巳、或云、入道殿去夜悩給、不得[illegible]説、

今日入道殿卅講結願、仍参入、〈宰相乗車後、〉以左将軍被示云、従去夕悩煩、于今無術、不能相逢者、被打鐘、摂政以下着堂前座、僧侶参入、講説論義了、被行諷誦、〈信乃布百端、〉摂政以下行香了、中納言以下取禄、件禄桑糸果衣綿、上達部取之、頗以軽々、大納言又取、丹波守頼任奉仕非時、右中弁[illegible]捧解文、〈未欲〉置清僧前、僧退出、摂政以下起座、云、使来云、左大臣被参陣有被定之事、諸卿可参入者、余及[illegible]納言[illegible]不参、〈相扶可参入、此殿向家事、心神太悩、不能参也、〉相同参、中納言行成・経房・実成、参議道方・公信・[illegible]・朝任、資平不参、因依摂政命矣、弁道方先参入、依右府被定賑給使、又大今日定々若不堪事歟云々、即余・大納言[illegible]入道殿悩苦所聞、極不便也、以左将軍[illegible]余云、此般更又不可存者、所帰参、今日明日[illegible]於当所被見、余已余大納言・侍従中納言多忌諱文、有不例文、甚不宜、又引載天文奏占文、不作者不可知、極足有事、〈作者文章博士為政、〉摂政以行事弁資業可被改作之由被仰作者、
昨日忠道朝臣卒、奉膳信通同宿、被宅向占

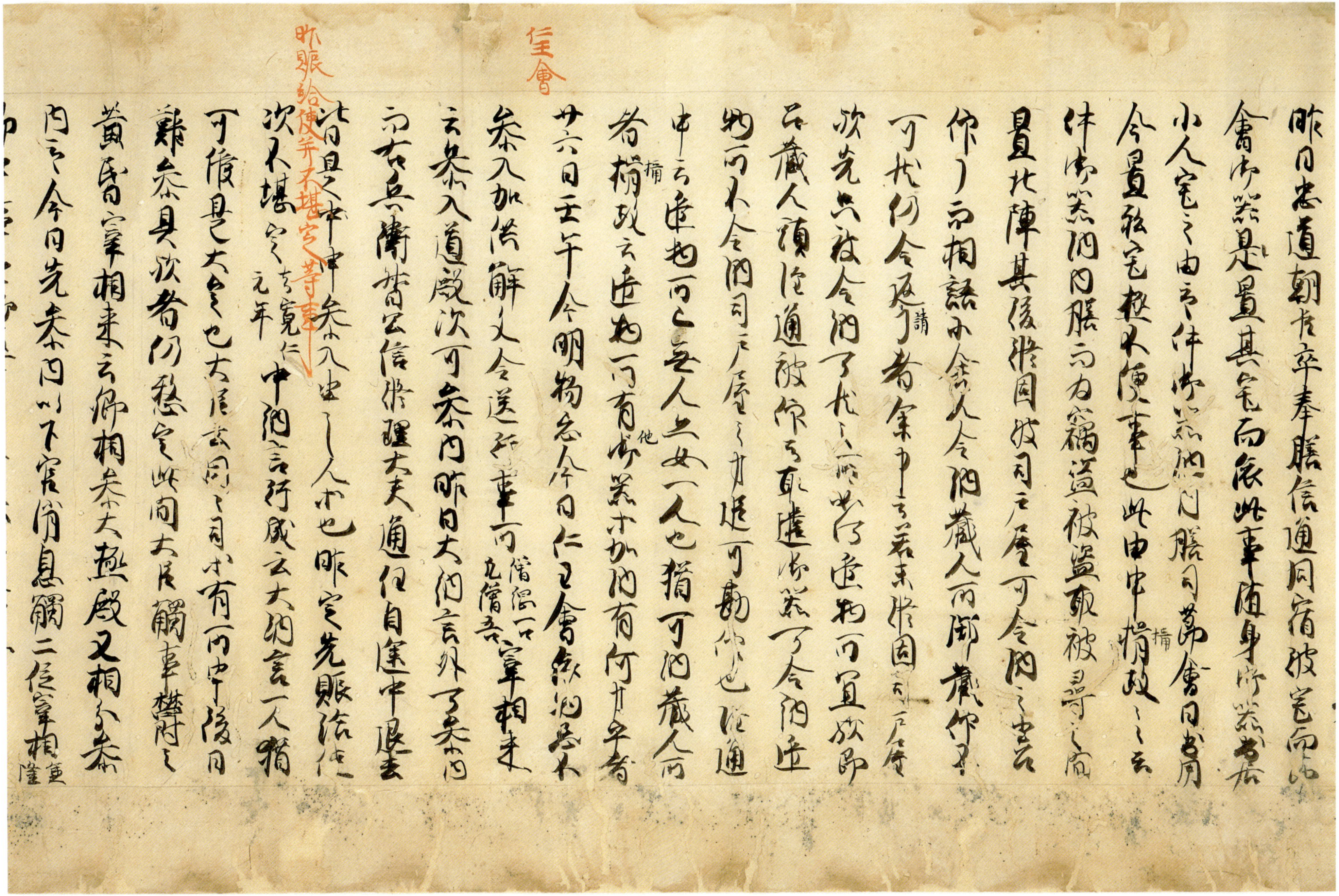

内々今日先参内以下宮御息所二位宰相兼隆
即申事由御返下云所悩太難堪今日不必
昨日者従八省退出之間被召只今重悩
給者
廿八日甲申早朝参入道殿宰相乗車以左大将
有従去夕重煩給之由被是之極重悩給者
小時退出　左少弁経頼持来賀茂御読
経太遣例文多今改直件宣旨従民部省直改後見畢
今清書可令覧入道殿
復任事
廿九日乙酉宰相来常来云今日源中納言
経房行事但参事外記国儀難依仮日依有
前例催気色早捐播致所行也依被内々
所参入者有外宮之時宰相書除目事
宮復但時宰相不可無具欺如何
六月
一日丙戌石塔如例
早朝資頼来云去月廿七日奉仕明其夜
従得在所暁更退下精進并参登間聊
無障礙已有感應仰遣人々許之馬多將
来仍返送之者
造宮司進賦役悉
入道殿重悩給之入夜宰相従入道殿来

入道殿重悩給云々、入夜宰相従入道殿帰来
云、更無平減、従戒被始念仏
二日、丁亥、宰相来云、今日依内御事参入、大
内又云、入道殿煩宜也云々者、又云、従前時許
重発煩給云々
三日、戊子、従今日入道殿於御身霊気頭
露、被調伏、今明頗宜也云々、是扶公僧都
密語、去夕々就御物忌、今明難出者
四日、己丑、蒋朝静云、入道殿宜也者、太后
明日可御出入道殿云々、仍取案内大夫〈俊賢〉
報云、昨出立者可出御、但入道殿御心地
午時月日星三光共見怪事
宜者、不可出御、欲向権大夫〈頼宗〉追了示者
午時月日共見、月在巳、星在月坤、相去
七八尺、同三光一時褒異希有怪也、若太白
星歟、従源大納言云、下臈大納言許有消息、後
大納言云、気送舊日奏案、付使送之、今夜上天
天文奏之人、博士吉昌卒、権博士久部住得与
国云々、公家無被咎、月天基只有其咎、有何
益乎、当時無公事、幾乎、、
五日、庚寅、今日大后可出御入道殿云々、取案
内於源中納言〈経房〉、報云、執中入道殿御返

内於源中納言〈経房〉、報云、執申入道殿、時退
事云、雖有所労事、依事煩侍也、已但
乱心地去春可悩、平復之後、心神随例、此
度悩侍、昨今殊頻、宜侍無力殊甚、起居
日難堪、今有此消息、恐中不可無事
不可申者、納言報状如此、
七日、壬辰、今明物忌、又今日厄日、諷誦〈清水〉
寺、又今打金鼓、只開西門、
宰相来云、早朝参入道殿、心地無殊事者、

入道殿被供養十六羅漢

九日、甲午、今日入道殿被供養十六羅漢、
請僧有数、上達部・殿上人有饗饌云々、称
物忌不参入、臨暗宰相来云、入道殿羅
漢供了、定業大納言・右兵衛督〈頼宗〉等云々、左
府被辞退云々者、
十日、乙未、左僕射辞退事、問大納言〈公任〉、
報云、以二位宰相〈兼隆〉被示送左大将〈教通〉、許
可申入道殿者、院御事一人、先日為親王、今
二人可為親王者、其外無申者、相替親王
人、後又云、右僕射有定、太相府之氣色、向
可被祈祷世間人云々、已上、殊身陰陽除不同時
執筆人尤可入下官、事為人有可申者、
主計頭吉平朝臣可上天、又奏之、宣旨被

主計頭吉平朝臣可上天文奏之宣旨被
下云々、昨今間宣旨欤、依天文博士久不
知其道、又任伴禄習学宣旨者二人、孝
親朝臣・師任也、皆不其見者云々、仍被下欤、
十一日丙申、早旦参入道殿、宰相同車、以左衛門督
頼宗被命云、昨一昨心神七八やうなりしを今日
験氣天覚、付侍仍不祇相障欤是云々、頗不
例坐間諸者暫候、依又命云久成也了云々者、
小時罷出、二位宰相(兼隆)同左府辞退
事、為其氣、但近日参此殿有可被申之
事者計也、辞退以外孫二人可為親王事
欤、
十二日丁酉、宰相妻(室)女児、氏時従已下皆有氣色、
十四日己亥、招下内供相語、祈願事可加奉
之者、従十七日三七箇日可奉供如意輪
之事也、内供即帰登、兼相事大納言示
送云、一日同車入道殿命云、未聞慥説、但
いつらへこあへつらむ、ありしかし、彼人道隠
無有方、但非可更、いとおかしき事やと様
などありしか、左将軍も遂登之時傍有人
てありようるつきなき彼人八郎辞せんとありし
なると侍かし、猶有恩氣欤、雖於日時(?)

なりると侍りや、猶有患氣、欲辭状不日可奉
せはいうへをられ也、又為除目極不便、欲未見
堪氣色、皆大納言書如此
十五日、庚子、宰相来、居地上、良久談話、次云
或云、道雅卿今申入道殿云、一家光也、此
度若不任宰相、何恥勝之、只一二今有可
備諮詢、雖忠甚不可從事、何况有病乎
乎者案所思者非一、大納言年勞太多
而陳了代、但一文不通之人未任宰相之故
世以不許、以之可驗、今聞大左將了任宰相
之事、内心案、大納言報云、一日入道殿云、累
大納言之後可任者
十七日、壬寅、從今日三七箇日奉令供如意輪〈山座主〉
淨衣供物等今朝奉之、良円奉〈頭〉毗沙門供、奉仕之
從信空許書送夙書、又同送夢想、可謂吉想
至夙書返送之、為令祈申也、從今日七箇日以胡
救奉令供星宿、胡救者歟、頼胡作口入僧
大納言書状云、御方とてもかくてもをいて了有
様に承侍、右將軍所談也、余報云、とてもかくても
をしあるハ如何、納言重云、彼人事八大臣有
云々、此事雖無仰、致隨分思侍、一者為一家又
為右將軍、又者為自身、罷去無同右代思侍
其間子孫中一向漏申侍者、如此〈令〉報書、以一定

其間子孫中一向隔中〻乃者（令）如此報書、以一定
但近代ナ以爲掌　頭弁経通持来国〻司（士ヵ）（国）
申請文云、摘（摂）政消息云、可定之由者、专平下
給左大臣、遂不定之由、依固之日慈申被示返更
賜右大臣而被停諸卿度〻不参、仍被返遣、今
更下給頭弁、不少件国解三通、不勘讀前
例、仍給辭了
十八日、美作大納言消息云、昨参入道殿、見氣
色、此度摘（摂）録可被任右大臣欤、内大臣忽不可
被任欤、一昨日左将軍可謂已相違、若見甚凉氣
色欤、将変改欤、将軍昨参殿、今朝可出向葉内
可申子細者、事〻軽〻、以何為前〻摘（摂）政被任左
大臣、太有便也、今推量、以之為實、右軍又有
所云、弁頭弁経通持来宣旨等、或下宣旨或
勘宣旨、亦有新吏等申請、申等可定之申去下
給弁令讀了
入道殿上表事　准三宮
十九日、資平宰相来、即参入道殿、小時帰来云、今
日被上表〈辞三宮〉、又云、参入道相府云、道俗卿大臣
等以悵悒相府〻申入道殿御報如在也、其後
令申北方、其詞云、不堪上病、極重不可從事、但
為上﨟納言年労太多如之者、左大将可被任内
大臣、（只）六借給、被内大臣一月許出仕、将辞退了被隠
恥之由切詞殊甚、即被傳聞入道殿可被示偏

恥之由切問律甚即被傳聞入道殿可被示猶
道理大納言勞卅餘年依是非恥也被報可被
之趣但左府辭退事未聞彼消息彼一定之後
可有右右定令一定之可依内府又云者信卿懇
望云々歎馬亭並無令属道狼藉之代濫成非道
之望欲回擬大納言兼帶内右將軍未有之事
相同左府辭退之時内府 猶致 昇右僕射之
可道理者可非也右將軍可昇其而大納言之
頭弁従内入道殿傳表勅答使可用何人乎又
勅答可納言年右事必何者報云勅答使多
用中少將而忠仁公貞信公當時在俗日准三宮
勅答使用納言將貞信公仰時中納言師輔忠
仁公勅答使中納言基經當時使中納言教通
答依件例欲又勅答者納上表答返給之例也
未遑此由ノ使事尋見未尋者引見故殿
日記並所見用中少將但年為資平為藏人頭之
時當時入道殿准三宮表勅答時可尋也資平相
資平可追昌也仍且所報也昨日頭弁来云依
勅答事可召上卿者未可召他上之由大納言公
任卿應召者　彼日引見貞信公天慶二年十三
月三日依記云使左衛門督返賜昨表被物如例
者
貞観十三年四月十八日忠仁公准三宮表勅答
使中納言基經

使中納言某経
天慶二年三月二日貞信公依人賜爵准三宮表
勅答中使中納言師輔〻〻上見表勅答
廿日乙巳、早朝大納言送書云、彼事似可驚
相撲使以先日左将軍有恩気、其時
初恩之人独不可堪、貴殿相並被任若可宜
之由、下〻人云太相府之外之由気色
被仰也、而今借彼人者、先但其可即今辞耳
中納言可被任之由者、太相北則御其時而被欲
云〻、左将軍昨日從見気色之可談也、此事非
无可據宜議也、上〻乗被先日入道気色被示
如此、不可得於是者、昨日按察参内云、武人次来
曾也、而天下不云甚事云、御事是之猶之、宜
歟、但若覚有其事者、有御心労歟、有気
色自事不用之間、可被行之、太外記文義
朝臣云、丹波〻〻〻武者从従西京来東都之間於大
達国司令皇太后宮下部捕搦之間、〻〻民〻
走逃入外記局、左衛門陣呼叫、大狼藉、陽明
門外帯弓箭者〻相待州民云〻
頭弁従道不送云、昨日勅答使左大将教通卿
云〻、又云、丹波国百姓立公門訴訟、而国司以騎馬
兵追捕百姓、来左衛門陣放呼云〻
廿一日丙午、今日帥書付勝力送之、高麗人来

（朱書）昨日勅答使左大将教通卿事
丹波百姓立公門申訴事
国司致之兵追捕

廿一日丙午、今日帥書付脚力送之、高麗人未
行達、去月廿九日到着筑前国志摩郡中云々、去
年三月十六日従彼国康州随身米千石参着
京都、六月十五日罷帰之間、被放逆風、去月八日
到大宋国明州、今年五月廿四日罷帰本国之
間、遭逆風来着者、依有大疑、禁固令訊問者、
丹波守頼任来云、依令擬立弘門之百姓入道殿
攝政殿勘当殊重、是慮外事也、而弁太多到
左衛門陣頭、外記云、而什放呼云々、各十餘人許
撿非違使被召候之者、但国司所弁似無所避
廿二日丁未、外記史生持来維摩会請書加署返
給、傳燈大法師位 従救年臈之 法相宗專寺
右中弁経通下給和泉加賀国司申請雑事
解文、可定之中者、即仰可讀文之由、下給又先日
所下給将軍永盛申文、雑有讀文、又有可尋
讀之宣旨、今日下右中弁、件申文右府兼
之所定讀代、而不有可讀之宣旨之故
一條院御国忌
参円融寺、故一条院御国忌、自今日被修御八講
円教寺焼亡後、自去年被移行於家、相乗車後
假随身府掌武晴、於途中落馬、衣裳悉染
泥、留了、仍不遣他也、節了、攝政被参、以東廊
為休所、以西廊設上達部殿上人座、有饗饌、諸
卿着饗了、右大臣・余参入、講説・行香、攝政

大僧正以西廊為休所、上達部居上人座、有饗饌法
卿着座了、右大臣余参入、講説行香、擿政
其也休廬了、擿政、右府上達部在、擿政了下
参大内、右大臣一人不参、入太后御仏殿、奉為
一条院、以供養法華経、僧綱九僧中十一人為請
僧、講師已講永照為講師、権律師懐妙落涙歎
然今日無行香、擿政、以著直衣、右府卿相在
此行々中納言已下取僧、以下禄、更又横大之
頼宗執永照禄、縫物一永照禄在後預一同禄、其後有
此禄須束座在前給縫物禄
事、嫌後事了、今日先以僧都深因被着食、又以香食
卿膳中撤却、同時刻、揀移後、被始講説
今日参入卿相、中納言行成、教通、頼宗、経房、兼
信、宰相成参議兼隆、道方、頼定、公信、三位中将
道雅、参議資平、経随身番長、兼行、退来内
今日相逢右将軍、密談、彼云、左府先日
有御消息、其後痢病発動、不被参殿、近日
平復者、入道殿被命云、可任内府乎如何者
去趣恩付先被任右大将下官、其次可任成不
然者、不可令成給之由申了、有内心、郷氣色、内辞
官中雑事之、更无為術、猶被任右大将、其後被
任内下臈大臣尤可佳者、大略云、此度事了、不知
彼度事也、皇太后宮大夫懇切被申、入道取若
被任内府、即辞退、其彼相並可被任欤、左府歟
者、構政先成給、軟之、被辞欤、者頗似有内儀
皆是有時日欤

皆是有時日歟
廿三日、戊申、右近中将来云、明後日皇太后宮可還御
本宮、可候其行啓者、答云、従今朝有所労、相扶
若宜者可供奉、又中宮御読経明日竟、願
可参入也、属山来、告種所労、
廿四日、己酉、去夜入道殿被悩給云々、
宰相来、即参中宮御読経、撿校御読経竟、
入夜宰相来云、撿校御読経号季御読経、二十口、
帳中安置仏、如常、日儀未聞見事也、大納言
公任卿以下参入、撿校読経了、諸卿参、明日皇
太后宮行啓供奉、入道殿可令住寺、此間北
方独可令候、仍力可随此、可令同處云々、
廿八日、癸丑、大外記文義朝臣来申、明日定、上達
部故障、大納言斉信・公任、中納言行成・懐信、
實成、参議道方・頼定・朝経可参入、今日令
中右府被称御障、不告、資平歟、依案内廻歟、
陣定　諸国雑事
廿九日、甲寅、参内、午四刻、宰相乗車後、先是、中
納言隆家参入、其後大納言斉信・公任、中納言行
成、参議道方・朝経参入、定国々司・将軍・永盛等
申請雑事、
和泉・伊勢・志摩・遠江・近江・陸奥・若狭・加賀
隠岐・備前・備後・日向・播又因幡・同冊発田・東讃岐
来々了、同事、獨後、右中弁経通下給太宰府
刀伊国者合戦府解事
言上、筑前国壱岐・対馬等嶋人・牛馬、為刀伊人被殺
害并被追取解文、勲功者位事、又々令
戦状、勅、問刀伊人及此度流来未行定等之處

戦状勘問刀伊人及此度流来等行在等文在
清水宮別當法眼和尚位定清等并様別當
法橋上人位元命申請文等傳作云大宰言上
解文中注進勲功者可賞哉否又流来者并
初刀伊人等勘問等事可定申又定清并元命等
申請事同可定申者国々司将軍等申請
等定申趣其定文在別紙抑勲功賞有無
如何大納言公任中納言行成申云可行之由其
例之前事也余云不可謂勅符到以後合戦不募
賞等事有勲功者賜賞有何事寛平六年
新羅凶賊到對馬嶋々司善友等追却之所賞
雖無募前跡如他此事相同就中刀伊人追
来殺害国司又追取国嶋人民千餘人并殺害数
百人牛馬等之致盡安守理忠而大宰府旌無
忽於進逐并射取刀人指可有賞若無賞
進向後々可無進士欤大納言斉信同定定
其後大納言公任中納言行成及已次皆同件等
定之又注付大宰府言上賊徒合戦之間雑事一所所注進勲功者等右大将藤原朝臣中宮大夫藤原
朝臣権大納言藤原朝臣権中納言藤原朝臣皇太后宮権大夫
源朝臣右大弁源朝臣左大弁藤原朝臣参議平朝臣等定之申了
云先日賜勅符之日被募勤功之間有賞之事
随其状可加抽賞之由而所注申者在勅符
未到前者以前不可理否議行其賞欤但散去餘
衆非無向後之畏為勵後輩新可賞進欤

衆兆無向後之畏、力勵後輩、耶可賞歟
一生虜者勘問事同前、諸卿申定之中云、所但中
々人令戦間、虜多中矢者、捕得賊徒唯三人
也、而勘問之場、云陳中高麗國人々力刀伊賊
徒、亦被虜之由、雖非刀伊國之人、同船遂數日
之間、盡見其案内、而不窮問其趣、雖散禁待
又拷訊之者、不承伏時、度々可究拷也、加之不注
杖數、或以不堪、重以窮問可云上其旨歟、又言上
流来高麗國人事同前、諸卿定申云、先日賊
徒之中多有高麗國人者、此間流来輩非無
事疑、其量別可重令尋問、可從云上之由可被
下知歟、抑異國賊徒来侵之恐、不可不慎、先後
来犯、何不怖畏、方々可被祈禱歟
石清水宮別當法眼和尚位定清、等權別當法
橋上人位元命、右大将以下定申云、内
外弁寺社日鎮權官者、文書著了、是則損例
也、若猶執行之人有致誰怠、先被問其由、處科
責、後可被定替人也、無故相並可難定申歟

宰府注申勲功輩交名、仔細事

大宰府造成勲功者、散位平朝臣爲賢、前大監藤原
助高、傔仗大蔵光弘、藤原友近
友近随兵紀重方
以上五人、數箇國可合戦之場、相戦者、雖數多賊
徒、正中件爲賢等矢、但重方不載先日府解事
慥子細依不注申也、令尋實否、随進可言上也

探子細依不注申也今尋實誠進（所言上也）
筑前国志麻郡住人文屋忠光
賊徒初来志麻郡之日与所発遣兵士合戦之
間中忠光矢者多又斬賊徒之首進上并進
彼戦具等
同国怡土郡住人多治久明
賊徒到来之間於当郡青木村南山辺相戦
賊徒合戦射取賊一人斬其首進府而首
解文雖注子細仍件久明明白漏矣
大神守宮　擬検非違使財部弘延
賊徒襲却之間計要害所之件守宮等発加
兵士（所遣也而於筑前国志摩船越津辺
合戦之間中件守宮等之矢者多就中生捕
者二人但一人被病死）
前肥前介源知
賊徒還却之間於肥前国松浦郡合戦之
間多射賊徒又生捕賊徒一人
前少監大蔵朝臣種材
賊徒逃却之日依有兵船遅未之告以而貳
並筑前守源朝臣道済遣博多津且令
解纜且因遣其案内之處奉使者等各申云
賊船数多猶造兵船一度可罷向者其中
種材獨申云種材齢過七旬身為功臣之後

種材獨申云、種材齢過七旬、身為功臣之後、
待造了兵船之間、恐賊徒早逃、棄人命忘身之人、
先欲進向者、道路以種材可云為善勲歟、
於衆軍了者、依賊船之早去、纔雖遂戦、
種材之所言忠節不淺、

壹岐講師常覺
賊徒三度襲來、毎度擊返、後不堪數百之衆、
一身逃脱、身雖非在俗、其忠不可隱、
右去四月十八日除當府勅符云、當國裏若有
攻戦忘身勲功超衆者、随其狀跡加以褒賞者、
言上如件、

事了了、子四刻退出、件之文未清書、仍書具、
可奉申御右大弁了、

筑前志麻郡人五百四十七人　被殺害者百十六人、追取者四百三十五人、牛馬七十四疋頭
早良郡人六十四人　男廿四人、女四十人、牛十頭、馬九疋、被殺害者十九人、被追取者四十四人、被切食牛馬六疋
怡土郡人二百六十五人　被殺害四十九人　男童并四十三人、女六人、被追取二百十六人　男廿八人、女童并百七十八人、牛馬卅三疋、以牛十六、以馬十七疋
能古嶋人九人　女六人、童三人、馱四十四疋、牛廿四頭

壹岐嶋
守藤原理忠被殺害、被殺害嶋内人民百卅
八人　男四十四人　法師十六人　童廿九人　女五十九人
被追取女小二百卅九人
遺留人民卅五人　諸司九人　郡司七人　百姓十九人

[illegible]

遺两人民卅五人　諸司九人　郡司七人　百姓十九人

對馬嶋

銀穴焼損亦云々

被殺害人十八人被追取人百十六人　男三十三人　童女合八十三人　童廿八人　女五十六人　已上百三十四人

上縣郡百卅一人

被殺害人九人被追取男女童并百卅二人　男三十九人　女童九十三人

下縣郡男女并百七人

被殺害男女并百七人被追取男女童九十八人

男三十人女童

并六十八人

并三百八十二人　男百二人　女童二百八十人

被焼亡人宅卅五宇

為賊徒被切食牛馬百九十九疋頭　馬八十二疋　牛百十七頭

寛仁三年

寛仁三年

慶二年十二月廿八日勘符
　　　　　　　市部良香作
可信哀世事無常頭鬢倏暮談話良武公人一兩三參松悟省略
胡賊雲行鯢鯨天違路遠事歎呲可指圖必須下無匠細秀畫記
鏡今可見危弱在行稠稠寢努早休保餘上書當衆大家
乞化勤到泰行
此勤書大優七郎卿住付雪要句耳

甲巻二十四

寛仁三年秋

小右記　二十四
寛仁三年秋

小右記　二十四
寛仁三年秋

甲巻二十四　第一紙裏

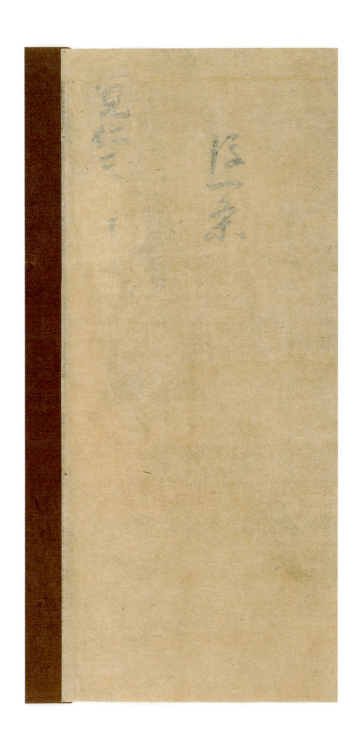

甲巻二十四　表紙見返

寛仁三年秋
七月
一日丙辰　右大弁道方示送事相云々
動不来相扶若宜者明日先参法興院
次可来者余能也一夜定文未持来仍可
示送欤
左少弁経頼持来神郷官符草
入道殿命云、可作官符之趣先日申
寫法師見神事官符有所憚者仍仰
作官符之由書昨日推鞫下給経頼了、
云寂可直之事今也今日仰推鞫持来
又余云可作官符之由仰下之後以彼
猶依氣色可令皆者也
仰下之後経覧可無事忌欤否

仰下之後経覧可無事憚歟寛
重所令申也近代之事如腹肩
二日丁巳右大弁道方持来一日定文弁具文
書等相逢談話了相供参法興院牽相々
従車　右兼左大弁
中納言教通参議兼隆道方通任朝経定頼
参入諷誦等了行香各々分散
（随身吉正依女事到摂政家被捕搦事）
資高朝臣随身近衛秦吉正仁化
到摂政殿寝殿北面排佃侍所男等出来捕
搦打調間稱右大将随身仍追奔云々者依
驚問其由無所避事似実正即召遣後遠
朝臣示事由并燭後来伝摂政（頼通）命云去夜
事不知事也早免勘当可召仕者召消息
旨太多不能具記不可免使之由令
（追却随身吉正事）
先是吉正遣府全令候至今召作事
以可追却度々有不宜事等

追却随身吉正事

以可追却、度々有不宜事等

三日、戊午、法橋元命来、同一夜宣事

八日頭弁婿右衛門督實成卿二娘云々

大宰府言上宣文有可改之事、仍返遣左大 道方

弁許、書改付使送之、宰相来、少時退出、黄

昏来云、随身吉正事申摂政、命云、是多之云

殊事、所愿勘責、不可返昨、示可示之由、不

承引、如何、又式部録師任以九二人知其事

所不申、甚召令尋、同処同随身由、即不

申之事、召勘追却者、至有可免召之由、不

可申左右、然於近處依致濫吹、重所召勘

又可従追却、今有指命、可召仕之由事、獨

之後、以宰相令申所、奉内摂政、被参入道

殿、仍退帰、明旦可申云也、相示了、極熱、令

府戸屋不便事也者、仍先可出也、若随身

官奏事

作遣了、宰相云、今日有官奏、摂政云、一日宣之太

早、所感入道殿同被命、此由雨並相云々、今年

取籠文書不宣申所条作、後不経幾日宣之

取寵文書不定申而宰作後不経幾日定之
申太好者可謂甚言一勞歟　入道殿今日上
表云々
四日己未早朝法橋元命來云入道殿
深者不清水宮事不可被依上達部定歟一
夜定文而今日可付左中弁昨日依宮奏事
不來
一日定文等付頭弁経通　宰相資平來奉攝政殿頼
小時來云隨身吉正此度殊優可召仕者仍作
武晴令召遣了
五日庚申左少弁経頼云神郷官符案所入
道殿命云甚善者経頼云至今可請印人
者答可令早捺印也今日不宜日依不捺印
又有可定事甚可請印
六日辛酉入夜宰相資平來傳丹波守頼任所言之
事是可見入道殿氣色之由今日重參上穢
許云々只是一郡者云々
七日壬戌早旦參入道殿宰相同車奉謁山城國司等

山城国司訴申賀茂社御手代田事

七日壬戌、早旦参入道殿、宰相同車、奉謁、山城国司等
賀茂上御社司等各有所申、其事、云、神
社者皆賀茂郷、以件郷田若干為御手代并
此度被堺之間、入公郷方又神戸同在公郷
猶須皆可被入神領也者、国司云、御郷々公
郷已被堺限了、仍公郷方田官物令勘徴之
處、社司相妨不令徴、社司所為理不可然、謂
事也、于右少弁経頼申云、社司所行太以
不当者、余所思者、奉御手代田并神戸可
為神領而被奉郷々之後、被留彼御手代田
等為公領、不宜事也、須問社司、令進注解
彼後解被定作宜欤、若猶可為神領者、引彼後
解別給官符可宜、以此趣申、案内命云、如社
司申尤可然、但令進子細解文、可被定作、若
在公郷中以御手代田并神戸可為神領、坐
其外有被新堺之限、仍可為公領欤者、此
次云、大臣達取籠国々司申請文等二ケ年不
能定申、承汝一日定之申甚悲賢事也、丹波国

能定之中分海一日定之中甚賢事也　丹波国
事国司以事相有令傳云々事　仍有氣色
深有恩氣其次申案内
八日天氣賀茂上御社司申神田等事仰
左少弁経頼但件郷田官物不可免除之由
令傳仰国司社司言上解文之後可随被定之
下也
石見守頼信觸明日向任国之由呼前給禄
唐衣袴依無小掛賜唐衣　頼信入道殿進習者也不給少禄
何如殊所与也
九日甲子給随身夏衣服　府掌尾張府掌扶武為相撲使之間所給也物節三疋近衛二疋
掌相来即参内臨夜又来丹波訴人之愁
状今日被召取即百姓等可罷帰由被召仰
了云々
或云不可罷帰云々件愁人中堪為相撲人之
者以府下部等令捕召二人将来一人若年壮
無便為相撲人今一人見目頗宜仰預将曹正
方了

(5)

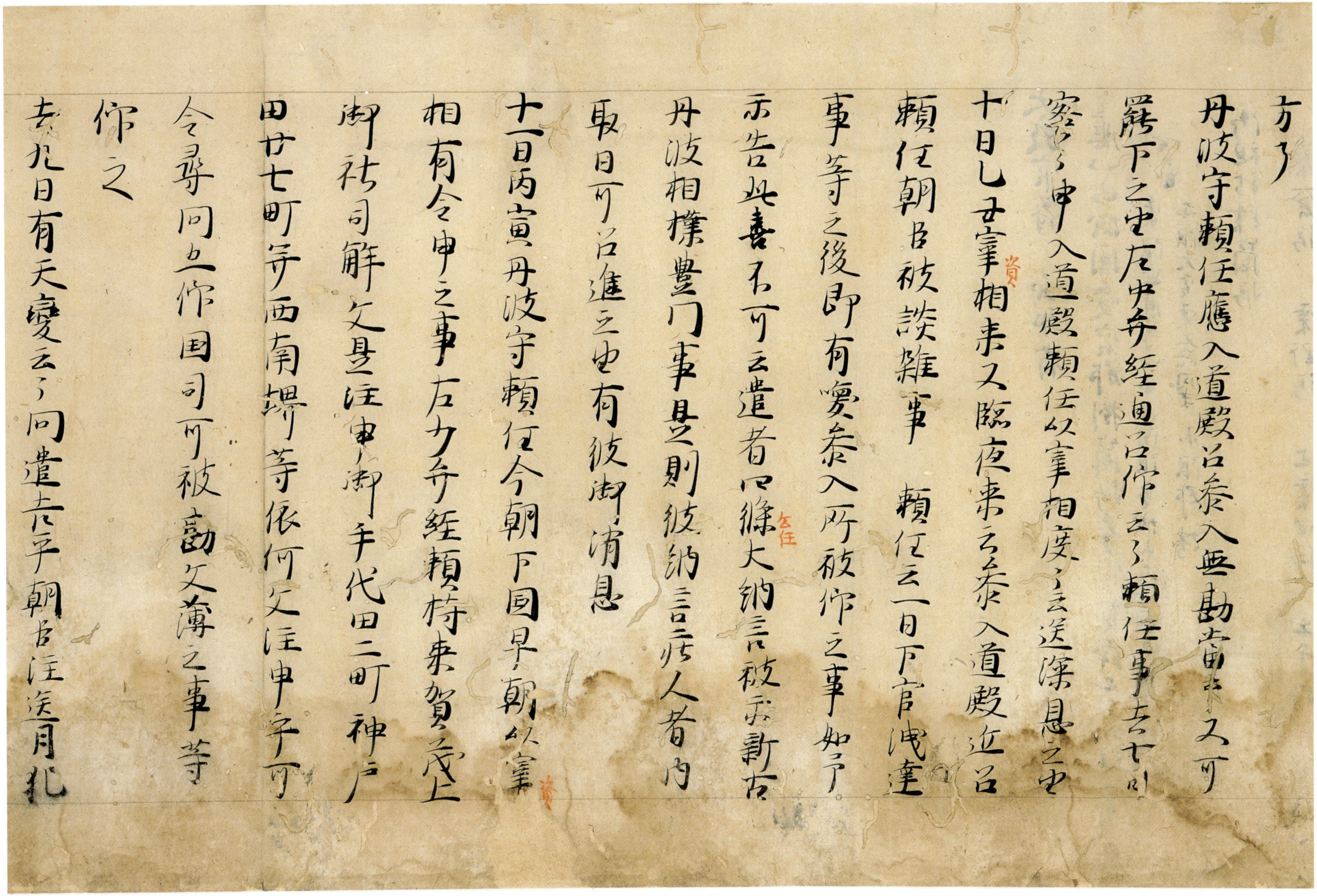

方了
丹波守頼任應入道殿召参入無勘当又可
罷下之由左中弁経通召仰云々頼任事去七日
密々申入道殿頼任以宰相度々云送深恩之由
十日乙丑宰相来又臨夜来云参入道殿近召
頼任朝臣被談雑事　頼任云一日下官洩達
事等之後即有優参入所被仰之事如了
示告此喜不可云遣者四條大納言被示新古
丹波相撲豊門事是則彼納言家人者内
取日可召進之由有彼御消息
十一日丙寅丹波守頼任今朝下国早朝以宰
相有令申之事左少弁経頼持来賀茂上
御祖司解文是注申御手代田二町神戸
田廿七町等西南堺等依何文注申乎可
令尋問且仰国司可被勘文簿之事等
仰之
去九日有天変云々問遣吉平朝臣注送月犯

去九日有天変云々、同遣吉平朝臣注送、月犯
箕第二星、引見旧勘文有種々事
風吹従酉剋許降雨、天変三ヶ日内雨脚快降
変異銷欤、雨脚通夜不止

直物事　有叙位小除目事

十三日、戊辰、今日直物云々、取案内資業朝臣
報云、左府被申故障、仍右府被奉行
造伊勢大神宮神宝行事所廻文云、可
被進鷲羽事五十枚　在造神宝所前斯
依例所廻如件、今月廿日以前可被進送
神祇官西院
子剋許宰相自内退出云、直物次有叙位除
書等、敦頼・惟通（四品　敦頼、造宮賞未被定功過、惟通任常陸者叙一階、若此欤）
従遠・成順（加階宮々御給）・種材任壱岐守、右所望
欤、鎮西武者非忽無所望者欤、仍被任欤

令奏府々賑給官文事

十四日、己巳、拝気了、須遣寺々
資宰相来云、昨日右大臣（公季）令奏府々賑給奏文、卿
相上下等云、未見之事也、被定賑給使定文
例也、其後更不被奏、充行之奏文者、近代不

例也其後更不被奏　宛行之奏文者　近代不
奏古者奏之　只見丹波許人弘門弘満輔光
等不堪相撲人但弘門見召頗宜然而先年
雅通匡衡時召進相撲人等中云々為相撲々々
其體不堪仍返遣了者丹波国司申云件弘門
等郡々郷司被召催之間不勤蔵人所例進
絲并国交易物宛給弘門等身假令勤件等
事者即令免遣事弘満輔光等痩衰殊
甚至弘門随状可召上之由仰遣訖
淡路阿波伊与讃岐相撲使府掌扶武入之
来云伊与相撲人等乗船参上明日明々日間
可参着者
十五日庚午左中弁下賜雑々宣旨又傳仰一日
定申国々司并将軍申請事石清水宮事等
国々将軍等事如上達部定申但因幡燒亡
田事可問忠貞者未知甚故石清水宮事権
別當法橋元命不加署之文不可勘會公文
之由可宣下二寮者件事不被用公卿定事
甚不穏只入道殿雅意云々　一日公卿等被量阿

【阿闍梨三人被置石山寺事】

甚不穏、只入道殿雅意云々、一石山寺被置阿闍梨三人（遍日　能仁　證念）、彼寺座主大阿闍梨大僧都深覚辭文、先年入道殿奉爲主上被立申御願三種其一也者、攝政殿以頼【頼】祐朝臣被給興福寺鷺占方（集金堂上、氏長者可慎病事、己未年人可慎口舌病、日以後廿日内及十一月十二月節、天文日云々）、

【相撲召仰事】

十六日辛未、入夜府生重孝申云、權中將朝臣（公成）令申云、今日相撲召仰、依永延元年例、可有樂者等、其事不分明、之々可尋問、音樂諸卿不可必、攝政又同命、入道殿命可然有之由云々、二后可令見物給、是入道殿懇切被勸問云々、

【東宮御元服之事】

十七日壬申、宰相【資平】云、章信云、昨日攝政・右大臣・傳大納言齊信・中納言教通・大夫頼宗・經房・參議道方・公信・權大夫朝任於東宮定御元服事、右大臣【公季】於陣令勘日時、造八省追禄宣所申請茨田光明位記可作之事、作大内記義忠朝臣下賜名簿、奉宣旨書等、但可作回用

朝臣下賜名簿奉宣旨書等但可作回用
信託事同作之
入道殿息災願被奉造丈六金色阿弥陀佛
十躰四天王彼殿東地京極東辺造十一間堂可
被安置以受領一人充一間可被造云々従昨
始木作構改不甘心云々
十八日癸酉宰相資来云蔵人範国云一日構改命云
相撲楽猶被強行但人々装束不可調二襲
織手等愁歎無極云々両宮令参上給之間依
御装束等事多具二所愁云々同遣頭辨
經通
辨云未定許也有制欤者
十九日甲戌先識内記保国使将監保春不随身
相撲人参来作事也追遣了山陰道使番長
秋信持将来相撲人二人不召見
府生保重申云陰陽頭文高申云明日明々
日可始内取事依蔵人所召奏之間不
能進勘文明後日可進者
廿日乙亥府生保重進内取日時勘文廿一日丙子
時申
件日

（朱書）入道相府造无量寿院事
（朱書）相撲節可人々装束不可着二襲事

廿日乙亥、府生保重進内取日時勘文、廿一日丙子　時申　件日為右有利、仍所勘申也者、陰陽属惟宗忠孝勘文、権中将長宗(家)消息云、阿波介ム姓為時云者、有膂力之聞、住山城国寺戸云處、又在前伊豫守為任許、令召如何者、報云、可無事煩之様令召遣、有何事乎、相撲装束二襲、其制尤重之由、頭弁経通示送之、

今日内取始

廿一日丙子、早朝、将曹正方持来相撲長三合并相撲人等装束、請奏加署返賜、又云、権中将朝臣消息云、昨日令申為助事、過五十無便相撲云々、為之如何、答云、五十有餘者初為相撲人非可出者、不可召歟、海道使府掌扶武将参伊豫相撲人四人、召前見之、[illegible]使近衛下毛野公武随身相撲三人参来、申云、播磨相撲信任煩胸病、留山崎、今夕参上歟者、依内取時剋漸至、不召見、遣於府訖、入夜、府生保重持来相撲所充文等二通、日夜漏不返賜、左右相撲人三人参来、使府掌尚貞相副召見、相撲人常正等即遣内取所

貞相副召見相撲人常正等即遣内取所
廿二日丁丑相撲定文等下給左右守賀平
申彼国膂力者八木頼高事今年必可召
進之由去年并今春令申而寄事於左右
不令参上仍重差遣使可令召上之由以将曹
正方示送中将公成許報云成府解可馳遣
者　最手勝岡参来湯治之間暫不召見此
同将曹正方参候於随身所令賜疋絹依其
後召見重頼為永吉高等今夕召明旦使等
参着歟至勝岡騎用馬不可堪仍乗船参
上者

相撲内取事

廿四日己卯中将公成来云下三相違依病罪人不足召遣
南京来参来継参入猶可有不足為之如何答
可仰将曹多雅方之由中将云雅方在丹後国
未参上先日召遣了又云音聲人不具又召人申
参左方之由不可参入者示不可拘事之由又
番長中可令常正差之番長誠雅宜相撲

留長申可合常世差之云留長誠雖宜相撲
息不可合常世羅合次了者決雄雌之後可
及騰常世欲々成諾矣　今日左右相撲爲男女
取手着一人白丁一人参来令見
廿五日庚辰　鸚鵡明五十枚進送造伊勢神寳
行事所依先日廻文也　熟依三駄給陣
府生保重進昨日内取手結　随身肅慎胡
録六具依樂所申給府生保方是舞人料
也　於御前有内取事　今日御前内取府生保重持来内取
手結
左将監光高申草鞋二枚　将曹多雅方参
来云自丹波正今参着者　仍遅参由給草鞋一
枚
右近尺 姑　陸奥守則光　許送薫香二壺 銀 加和哥
有返哥　使出納男与小褂 単重
最手勝岡与騰常世奪擢事
最手勝岡大宰相撲人未来給熟依昨御前
内取勝岡常世奪擢　常世太不敬　仍申障
被免云々　留長将官人等有用意云々　去年
初爲近衛未相撲　今年申可被合騰常世

初為近衛末相撲今年中可被合騰常世
之由一昨中将所来言然而不許容者而
合為男為長等之由仍昨日御前内取与
為長相撲為為長被打太不歓云々
頭弁経通来云被出日可給上達部禄者其
案内不審相示了左右中少将同預禄也相
示了又云東宮参上給可有御禄乎如何
尋見前例依御簾内欤如何
廿七日壬午将曹正方持来擬進奏二[illegible]〈楽人／枚〉
〈相撲／一枚〉加署返給〈彼同只放下／楽人奏〉

相撲召合事

今日相撲召合午剋参入宰（資）相了従仗頭卿
相両三参會青宮参上被催傍卿参宮
摂政（頼通）被催新納言能信奉仕御非御装
束即参上給〈経頼蔵人兼春／仁寿殿等〉宮司傳学士帯刀等
候之摂政已下卿相候御共〈宮司学士帯／刀候右仗〉下官
復仗座頭経通可召侍従之由可令敷座
事作同弁〈依装束／司〉此間右大臣（公季）参入内侍臨
檻大臣起座俳佪壁後左少将顕基入自宣

檻大臣起座徘佪屏後左少将顕基入自宣
仁門奏上案起座大臣以蔵人頭経通被奏
事由不同其趣依作奏上候御簾内構
改被候余復仗座召外記々々頗存奏入作
可召侍従之由次余起座参上公卿次第参上
着座　大納言斉信公任中納言行成教通頼宗経房能　信　実成参議道方頼定通任朝経三位二人　左中将道雅　右中将兼経
参議　資平　日日漸傾不待侍従参上召左大将教通
云合退下　先左軍退　下次余　並立東階壇上左右奏侍
来　左少将誠任将監光高　右少将良頼将監扶宣　左将軍先指笏取奏
見了引奏杖首指奏　以杖　逼奏　傳取奏上就御
簾下付内侍抜笏右廻復座次余取奏見了
次取杖自梯参上其儀如右　左　内侍排御屏風
召余起座候簾下座次左将監光高取敍
位数度被催良久之左右三府出居着座　左少将
實基左衛惟忠右兵惟任左少将　濾實　康右衛章信右兵経輔　次左右量等指出衣
等圓座　須出居以前量武　以後量可已有両説歟　次負指差座　著　侍
剋推移初相撲一番　左麻績為世勝　右秦吉高　二番　左[illegible]　右[illegible]
[illegible]

縣

剋推移初相撲一番 左麻続為世 勝 右秦吉高 二番 左[illegible]為正 右清原侍武 勝
三番 左若湯座秋則 右懸為永 勝 四番 左宇治義安 右中臣為男 勝 五番 左伴勝平 勝 右[illegible]智富永
六番 左安曇元高 右辰正代 勝 依天判 持 七番 左紀光時 勝 右他戸久清 八番 左伴得近 勝 右山口枝延
九番 左大原正清 右川原正清 勝 十番 左海秀廬 右紀武頼 勝 十一番 左能登良任 勝 右刑部宗親
十二番 左三枝邦近 勝 右大部正時 十三番 左大井高遠 申障故免 右物部信景
十四番 左秦麻那重茂 申障故免 右他戸秀高 十五番 左於保家近 右葛井重頼
十六番 左御長忠頼 右秦常政 不取 十七番 左公侯常節 右真上勝岡 不取
相撲中間、内豎居公卿衝重、了、左少将誠任
執公卿座南第一衝重、居余右、副高欄 小連居二合
時誠任勧盃、造酒正頼重行酒、誠任擬余
了、不受之、行酒人可用少将欤、酒番侍従造
酒正不進候御前之上、許雖従上達部座促
行酒、時次将執侍従所持之瓶子進候御
前之上、卿許而頼重執瓶子進御前、如何
無所答、又示大納言、々々答、任中納言行成
答不覚也、然而不受盃令退了、其後左少
将顕基 昆 勧盃、少将誠任執瓶子、余受盃
目
相看、信卿起座居余右、受盃復座流巡 故殿説 平二年

目
自右信卿起座居余右受盃復座流巡　故殿承平二年
七月廿八日御記云大殿门依御簾中上達部座儲乎
敷穀倉院弁備少饌調度重内竪盃賜一上巡着更
下酒番侍従勸盃貫行酒令近衛少将勸肴物於大
将又令少将勸盃親王〻〻執盃進大将許傳之少将
代侍従執瓶子是例也自是之後每有盃巡如用此儀
九条並相天慶六年七月廿七日記云内竪不參上著饌於
王卿但依簾前大将衛護長近衛少将著之酒番侍従
勸盃親王貴重親王式明執盃云件巡可至於大将所
欲彼此吞云恠不悟先例但此巡只下而至于依簾前上
上卿近衛次将勸盃其巡下侍親王進上卿後是
盃還本座云〻随此説行之今就件記案之今日
余所案相兄為放後家注付件御記　可
賜左出居前張莚之事中将改簾中近候依
許諾示宰相令作之　殿上出居退下仍示上達部令　傳宰相右大弁朝経退下令
召作　頃之所司給張莚十四番衛黒右相撲生
茂申障故兎依氣色令入立合等帽出居不
先是令撤張莚　左右次将撤　上達部起座臨欄余
加其座左右乱聲左已勝右何奏乎仍作　左
事由令召大枝頭出　左官人主出自樂所到南前貴物　蛇欲前〻自階脇趨出但拔頭特
不覺失例欲　此間主殿寮執燎次右乱聲奏納蘇
利樂令召了諸卿退下東宮退下給扈従如元
其後退出今日二后宮有可令參上給之云〻而
忽停止之東宮御元服近〻彼同両宮女房

忽停止、或云、東宮御元服近々、彼間両宮女房
衣裳営多、仍今日不令参上給者
（相撲抜出事）
廿八日、癸未、抜出、参内、午三宰相々従、諸卿未参
頃之彼是参入、依有催参青宮、摂政被候大弁
参上、宮司・諸卿祗候如昨、諸卿復陣、蔵人頭
左中弁経通仰云、可召侍従者、可敷座事、便仰
経通、次可召侍従事、仰外記順孝、内侍臨檻
左少将識（誠）任従陣参上、次下官及諸卿参上
内侍召余、起坐、候簾下青子、摂政（頼）右（左）大臣候
簾中、良久不敷左右円座、度々令催、僅敷、左右
出居座、左實康 右實基 着座、少将出自幕、着座、須寒
次居著之、可謂失例、良久相撲不出、令催仰
移剋、左相撲列立、須北面、而西向立、仰其由、仍北
向立、候気色、仰云、南向、即南面列立、次候気
色、仰西向、即西面立之、候気色、仰罷入、礼古伝之経有
両説 退入、次右相撲人参列、東面立、須北面立之
而東面、仰其由、仍北向立、其儀如左、但以西皆
東而已、依仰、摂政召左相撲茂安、仰云茂安 進礼 次
右常政、如左、常政両度申障、被免、次左元高 此暁内竪居上達部、賓重盃酒事如例
勝、右時武、次左為正、勝、右為男、抜出少出居入

勝
右時武次左為正勝　右為男扶出了出居入
作非例也更出居次倫気色召追相撲（作之追相撲）
（進礼）追相撲次散楽相撲了出居入余起御前
座加署青子座先是之撤帳遣帳遣諸卿起座
臨欄賜禄依無氷左少将顕基勧盃左右乱
声逆奏催曲（左蘇合万歳楽散手還城楽抜頭　右鳥蘇綾切帰徳狛犬猪打）
還城楽間主殿執燎事訖還御諸卿退出（下）
太弟退下給傅以下諸卿祗候此間降雨仍
太弟自宜香殿馬道北行自后庭西行過弘
徽殿（母后御坐仍宮司已下留候庭）両脚敢突仍還陣頭俳
徊右府復陣座待雨間無其隙数剋推移退
出（戌終）
廿九日甲申早朝相撲人等参来以常正為首召
永時武無召者等也而進出列立追却了召
御前内取召合不勝而不思其恥進出之上属
官人与敢手腋亦成相撲之望云々去年相
入取手与方相撲未決決雄雌而属其所官
人欲合高手仍追立耳非無其故時武同
追却了

追却了
八月
一日乙酉、石塔如恒、奏（識）内相撲使將監保春與
勘攝津河内相撲人不参、會御前内取之
事、令召問處、中使不来召之由、令問保春、陳
無所避、今日翔日無便、令進過状、明日又召問
可令進過状事、以将曹正方仰遣中将朝臣
許、々成將監扶宣参来、有引汲痛之氣
云々、仍有事次仰宣耳、今朝取手腰屈同
有所申、筑紫相撲不参来、河内白丁文重助
令着犢鼻褌見之
召使申云、明日右大臣（公季）有可被定申之事、可
参入者、又云、可参釋奠者有所労、而
不可参由仰之了
二日丙戌、宰相来云、今朝参攝政殿（頼）、命云、不可
問食釋奠内論義之日、十月十一月同可有春
日行事
（釋奠事）
三日丁亥、釋奠分配所稱所労不着、昨日仰

釋奠事

三日、丁亥、釋奠分配所稱所労不着、昨日仰
大外記文義朝臣了、使同中納言経房・能信
参議道方参入
都皆書云々、副府解并内蔵石女申文等
注裏、今日中将長家儲食物給相撲人
宰資相来云、侍従行成中納言有可来之消息者、右
右在心云也、亡晩来云、右大弁依彼消息同到
上達部殿上人諸大夫亦有饗、相撲人皆
人着座、中将急怒勤當、扶宣保重亦給疋
凌轢、勝器重頼為長者高云々
四日、戊子、頭弁經通持来宣旨、次云、春日行幸
内定十月廿日者
五日、己丑、晩頭宰資相来云、明日於大極殿以百口
僧転読仁王経、大納言斉信行之、人々云講師
御厄月春日行幸可有憚否問事
春日行幸来月伊勢宮遷之後、若十月可
遂行、十月御厄月、若可令忌給乎、辛吉平申
云、厄日可慎給、厄月不可忌給者、被仰可尋前
例也了者

例也了者、
六日、庚寅、召使申云、今日八省御読経〈仁王経云々〉、蔵　〈八省御読経事　蔵人頭　仁王経〉
人頭可参入者、称所労事相示云、参八省向庇
自八省退出来云、大納言斉信為上首、左三位中将
道雅、参議諸卿、三位不参、大極殿御読経者
権中将長家〈使〉、前備後守政職云々、送云、有所労
不自来、仍且所令申也、其事者、相撲人等為
給少食、相撲人等可召侍之由、作将監扶宣
府生保重等、可去三日有其儲、随則扶宣等申
将来相撲人也、召著座、只有一人、驚寄無極
問其由、答云、解下了、須先令申其由、所令就各
作所令申理、不可残、扶宣申云、以保重令申
了者、其事不分明、召問事由、無所避、然令進
怠状者、若可召問之由、余所思者、召合以前
可給所以後、設饗食饌、甚無所懐、件事去
三日事也、彼日侍従中納言〈行〉、招於大弁朝経宰
相〈作名〉公、上達部殿上人諸大夫等皆有饗食云々、近代
事不因古実、〈教通〉

事不同古實

七日辛卯、今日右大将教通付府賜還饗、後日左将曹重種云、相撲人只有三人、将監将曹府生禄定給、不知前例歟、

八日壬辰、頭弁経通含摂政命云、寅日、垣郁芳門以南二町・談天門以南二町可令取損色者、即作同弁々云、春日行幸略定有所、當御厄月、若可有忌乎、否可尋前例之事等、十五日以前参入可被定、申也被申、左大臣顕光被申故障之由、右大臣者内々去年申云、不可出行事、只忌日無忌月之文者、

御読経結願事

十日甲午、宰相資云、昨日大極殿御読経結願、大納言着、信卿為上首、卷數若奏乎、不然乎、彼是不着、宰相着、奏由大納言、問左少弁経頼、申不知由、仍可問外記之由、弁云、同問大外記文義、申云、天暦二年、諸卿自八省参入、大内不記申文事、無指事者不可被参内歟、更知有申文者、仍大納言已下参入、大納言公任着陣令奏申文、摂政里第蔵人持参、已及数刻、亦同

中文博取生星衆蔵人持参、已及数刻、此間
入道殿参内、給大納言已下参入、毋后御方、其
後復陣御覧了返給、中文即下給外記初召外記
莒納巻数奏之見故殿御日記、雖臨時御読経一日口
時准季御読経儀、有又発願・結願日有陣
頭還食者、年来無還食、已了、不知前跡、又彼一家
例巻数者、今中文、今日奏巻数如何、故殿此
被奏下賜外記、而彼一家、今中文、而今日改一
家例如何
中将長家以政職朝臣見送、将監扶宣府生保
重過状、見了返遣
十一日乙未、早朝吉平朝臣請取天文吉昔奏案
書写可返者、依上客奏写見上、代奏之者
今日還饗付府、行之、将監禄合細長一重、将曹
禄單重、府生禄絹一疋、相撲長已、名禄布者
十一石、就依三疋更物等遣之、府相撲志歸去
仍不遣禄布
右少弁経頼持来賀茂上御社西四至外田島図
司社司申若注進文作、八瀬・檜尾・雨村・内田・昌有

司社司示合注進文、作八瀬・横尾両村内田畠有
牢籠事、問定了後、其事一々申入道殿之由
拔刀者入宮中事
入夜、章信相来云、拔刀者入宮中、於弘徽殿邊搦得
云々、母后御坐之殿也、下官驚恐、随身令案内、帰
来云、事已有実者、仍章信同車参入、暑直長光
参太后御方、以章信相令觸女房、暫時有可参
之由、仍候簾下、女房傳令旨、暫候参摂政
宿所、即奉謁、命云、昨今堅固物忌、而依蔵人
来告、過午時参入、已終許事也、件事發者
於西京博奕者争論、法師拔刀寛歎男、其
男弟追法師、々々逃走、入朔平門、到弘徽殿南瀧
口邊之間、佐渡守有孝、候宮侍所、捕留拔刀
法師、奪取刀、追法師之男同搦捕、皆給検
非違使、令候獄所、着其同大進頼国、頼国
走向法師事、次問申、春日行幸明後日可
御忌月春日行幸有无論事
有定、有彼是可参之氣色、十月御忌月、可
有乎否之由、内々問吉平、申云、忌日南方不行
者、為明、件日大忌月、其日南方不可向者
可無忌月、只可令慎忌日、給十月廿日、非却忌

可無忌月只可令慎忌日給十月廿日非抑忌
日者余申云筆忌月忌日忌時忌者[illegible]付（侍）
欲但雖大忌月〻中無不向其方只忌其
者也備政命云然事也於御忌月筆違
如何尋勘前例〻裏月有行幸遠所之例
是吉平所勘申也者其次行幸事宰相事中
案内是資平事也頗有宜氣〻時退出
（定考事）
左中弁経通云今日定考右衛門督實成右
大弁道方参入〻道方着南面座無北面人依大
弁確執行濫尾無北面人行濫尾不同事也
大弁着北面可無濫尾也右記云無南面人時
無濫尾者大中弁一所陣家可然也又無人者
大弁猶可着北面者也
十三日丁酉召使云左府御消息云今日有定考
参入者申障事相云昨日院坐白河院有管
絃左衛門督（頼宗）源中納言（経房）新中納言（兼隆）修理大夫（通任）右
兵衛督（公信）等不被候日来母后重悩給而道遠之官
絃音惟無極云〻一昨坐母后宮其間重悩給

給奇恠無極云々一昨坐母后宮其間重悩給
有筥給云々非尋常之事也内供消息云
云座主猶重被悩今日被辞大僧正了其状
付法性寺座主慶命僧都被奉摂政殿又
云痢病薬乳脯亡良可尋送者座主所也
尋遣乳牛院邊了又以嚴覚消息云被辞
大僧正状云傳大僧正以内供良圓可被任律師
者此事可致用意也吾云座主依病辞職
可歎其事不可有僧綱之望公家自有言
歟不可答思乳脯廿般奉座主御許夜深
寧相示送云右大臣侍従中納言行成中宮権
大夫能信左大弁道方右大弁朝経参陣以
頭弁経通被仰左大臣云十月可有春日行幸
而彼月当御忌月可有忌哉召宣旨中者定
申云如吾事可無其忌歟忌月忌日不
忌月又申云御忌月行幸有其例者仰云
随定申彼月可有行幸者又仰云検刀者
入禁中到太后御在所邊大進頼国之

（朱）頼
（朱）頭光
（朱）陣定事　御忌月春日行幸有不之事
（朱）頼国有孝有勧賞之事
（朱）検刀未入禁中到太后御在所邊捕仲拔人事

随宣旨申彼日可有行事者又行云抜刀者
頼国有孝有勧賞事　抜刀者入禁中到大后御在所邊搦仲取人等
入禁中到大后御在所殿邊大進頼国并
會抒座佐渡守有孝輔得若可賞進哉
可宣申者諸卿定申云事已非常也可
加勧賞者頼国加一階 従四位上 有孝叙五品者
行事行事人々伊勢大神遷宮以後可被宣
云々是資業朝臣説云々来月十六日以後若
被宣行事人行事敷迫近欲奏所思而已
十四日戊戌早朝宰相来云昨賞後彼是云々不可
及二人欲而被作下之趣先有頼国事仍
被賞兩人之由縁氣色所宣申者　通昭法
性寺座主 慶命 来向云々昨対面云座主相逢
作法如尋常、痢病数々不承慶数之由被談
也傳大僧正職以内供良圓可被任律師状思
被草案須借洛中業者也而今在旦暮 如
形第作被付奏状其詞云先覧入道殿次
令見下官其後可奉摂政者一字有相誤事
仍令改直 清慎公書 誠字 返授了僧都云去夕覧入

仍令改直清慎公書誤字返授了僧都云去夕覧入
道殿命云故尋禪僧正被申僧綱之時未参
公請仍不被任其後一両度参季御讀經任
僧綱又尋圓永圓尋清不勤公請任
至良圓未勤公請作可云猜改者余答云此
事下官更不知座主自由也昨夕側承此事
但入道殿命尤可然事也被覧攝政事了
依座主御志也慶僧都退去了
十五日己亥早旦出西宅沐浴奉幣石清水宮
之例也即歸依家中有服者於他處奉幣
也　丹波守頼任宅垣去年新築而從昨
日更壊改築未得其意從国差送州民令
築云々去月州民参上愁訴依々事令臨秋
獲期改築數本垣亭也怪也
十六日庚子慶快馬内借使從叡山来云座
被惱一両日頗減彼藥祈禱可入者付還奉
遣之宰資相云昨参入道殿相遇尋圓僧都
密談云入道殿〻〻同（日間）座主病重之一両有悦氣

[illegible]

密〻談云、入道殿〻（日聞）同座主病重也、一両有悩亂
者、可弾指計也、可望其職之人歟
駒牽事
今日信濃馬牽、左衛門陣饗饌如例云〻、不
出御南殿、於大庭分取之事如常云〻
十七日辛亥、参内、宰相〻従陣頭無人、座主辞退
之資高昨登山、今日下山、座主御病漸以平
復、度数多減者、亦有子細御返事
十八日壬子、馬属為政令申、今日馬部某姓某丸
為某丸被致害之由、又進馬部不慈文日記
白河院焼亡事
今夜白河院焼亡云〻
十九日癸丑、阿闍梨要祈繞来云、日来者座主
病悩、昨日下山、今登山、仍座主一所悩不軽、然
而時〻被食湯治并剃頭、不如尋常、病猶
不止者、逐日無力者、又被示辞退事、子細
巻〻、其後内侍消息云、昨今病重歎悩云〻若
大臣薨不審、色出、似被慎、慎雖然、猶可被服
歟、又被服生乳如何者、報遣忠明宿祢問
件事、示申云、大臣薨生乳不能、薨被服可

件事等申云大臣慈生乳等能慈被服可
良生乳者并分慈可被服者申達也了
入夜内侍親状来猶無平氣
府掌蔦木武晴可補番長事以将曹正方
示遣中将公成許報云承之了廿八日可書下之
由仰之正方申云史忠信仰云東宮御元服日
近衛六十人着褐衣等可進者今五府同仰
之者
摂政賀茂詣事
廿日甲辰摂政〈頼〉従別納所所参賀茂依是不被
参祭云々宰相来云今日為催摂政御共参彼
殿者被催小女於楽殿北辺見物次第御幣
〈下家司二人騎〉〈馬左右右〉次納神宝長櫃二合和琴一張次
幸神馬二疋次着褐衣者二人騎走馬二疋右松
〈着青摺衣〉
尾走馬次左右近衛官人騎十列〈騎〉
御車後信従官人等遊行相従御相左大将教
通具権随身々々馬寮等〈近衛随身等皆騎馬摂政具権随身近衛随身〉
皆騎馬左将軍勘之次摂政権随身〈左将軍馬寮等相具太違例近代事歟〉次左衛門督頼
宗有権随身皇太后宮権大夫経房中宮権大
夫能信右衛門督実成〈位中将等又無権随身二位〉〈無権随身兵衛督三〉

夫能信・右衛門督實成〈無権随身、兵衛督三位中将亦又無権随身〉、二位
宰相兼隆・左大弁道方・左兵衛督頼定・右兵衛
督公信・修理大夫通任・右大弁朝経・左三位中将道雅
右三位中将兼経・侍従資平乗車相従
廿一日、乙巳、早朝宰相来云、昨日御共卿相不催
帰給、御共者依彼命也、各々分散、左大将人与
左衛門人於上御社闘乱、　叡覚云、内侍宥息
左大将教通人与左衛門督頼宗人闘乱事
云、座主御病逐日有増、無力殊甚、就中昨今
似無憑、気無被食、痢不止、又々令問陰陽師
可示送子細者、書占方、以師重令具趣遣三
人陰陽師所〈吉平・文高・守道〉、各占云、猶不快、詞云似
可被慎者、占方付叡覚送之、蔵人左少弁
資業含摘録命云、大宰府言上解文、亦申宣
度解文、今般解文上
事、又々可警固要害事、祈祷事
亦如先日、能符可勤行事、新羅人能可
守護事、兵粮精未進可催納事、可給官
符者、即仰下了、府解亦上達部定文同
給也

給也
廿三日丁未左少弁経頼持来覆奏文国栖申又
申横尾八瀬田畠事山城国注申八瀬村西
塔院下堰河東所在田畠四町田一町三段畠三町一段件
田畠永付庸帳依便下人等所開作也即地
子物等勘納西塔但至于官物禅院燈分
三百束内請国郡判永所弁進也同之国郡
不充他公事横尾村禅院立村中字下永水飲一所在田畠
二町八段田一町二段畠一町六段件田官物充彼院燈分稲内
同郡無進退但横尾村住人延暦寺不進退
観音院修学院等住僧并下人也上御社
申多有田畠之由如国司注申不絶又可
又〻同社司可申之由仰弁了右少弁資業
持来給大宰之報符仰可令捺印之由検
非違使左衛門府生良信持来馬部被致
害日記云別当消息云可令見下官又致害
者妻并牛籠畳馬寮又壊取住宅如一
者報云日記見給了右石只可被行致害者

者報云日記見給了右石只可被行欽宮者
妻并牛宅事更所不知事也馬部欽宮
事即日寮属為政所申也使廳可召仰也
内侍報云有増無減者申達可被服生乳之
由試可服者晩景法性寺座主慶命僧都
立過云大僧正讓事入道殿猶有難澁構氏
雖有和氣只可在入道殿雅意者
廿四日戊申阿闍梨乘祈統来云座主御心地無減
彼讓状事太以懇切被送書札于源（俊賢）大納言
許然事下官猶可令申者頻有恐氣云々
隨状可左右也
右中弁経通持来数枚宣旨之中傳攝政
命云可修造皇嘉門事可修固郁芳門々
南大垣南面大垣談天門以南大垣等事可
充国々以不充造宮之国々計堪弱可充之
計之不然歟不當彼時造宮之国々可勘申々
由仰弁了

也作弁了
大僧正讓事試以事相令申摂録入夜来云
見以執申雖有御返事非可謂似許
如入道殿命
廿五日己酉行統来云昨参上今朝下山座主
所被労無減気依辞退事被奉書状於
入道殿即将参右御前面被命此事以其
公請之人任僧綱太可難以此也可傳達者
旨雖多事趣如此余所思者為三朝師之
終年尚勤公勝傍輩徳行高上主上太子
御病之時日座主験度々平愈今臨重病
以職譲弟子可有恩許歟又内供良圓雖
未参御読経仁王会身為内供勤修御祷
者也座主所憐事早且取案内々供録云
未有減気者
廿六日庚戌今旦事相参詣座主御房
資高相従登山良圓不逢云和尚自去夕不覚
甚難憑者歎思無比

甚難得者、歎息無比、

申剋許宰相歸來云、和尚所悩從昨弥重、

以内侍令達事由、僅有御返事、被譲宰

相、雖悩也、病中攀縁云〻、今日宰相冒雨参

登、和尚有悦色云〻、

廿七日辛亥、夜問座主所悩案内、同書状、

許報云、更無減氣、猶可被慎也、

東宮於南殿有御元服習礼事

傳聞、今夕東宮於南殿有習礼、攝政・傳

右大臣公季・大夫并御傍親卿相・近習人〻被候、

所謂大夫教通・中納言頼宗

云〻、経房・能信・権大夫公信等云〻、

大禍

廿八日壬子、今明物忌、終日諷誦清水寺、依可参内、

以府掌蔦木武晴補番長之宣旨、書将曹

正方持來、見了返賜、進随身近衛身人部

信武差文、安信守近替、守近者以博奕為宗、頻有不善之故、

東宮御元服事

今日皇太弟敦良加元服、午剋許参内、

宰相乗車後、大納言道綱在仗座、有可参宮

相共参入之次、見南殿御装束、皆殿上

〻装束如應和式、太弟向休廬、先例陰陽師又同前、

亦装束如應和式太弟向休廬先例陰陽師不同而
忌却不令奉仕向休廬儀如應和但權大夫公信相
加前行其路經弘徽殿西南登香殿北出麗景殿西
南中門經温明殿北　攝政已下諸卿候御共
東敷莚道
納言能信持候御笏傅右大臣在宿所不
候御共乃改著装束加冠右大臣理髪中納
言經房奉宮調朝衣装束各二襲納平文
衣筥置黒漆高机二脚在入帷覆等云々被
送各宿廬　蘇芳二藍下重云々　攝政已下暫候太弟
休廬　々々御装束如應和木蒔者與殿東庇立之
幄一宇為獻物所其東立五丈幄為殿上弁
備所其北立五　傅右大臣參入　着二藍下襲同染　内臣蘇芳下襲装束
丈幄為居所
遅給仍着二　未二剋太弟把笏參。上經數反宣仁等
藍下重者　門參上不數
莚道大夫敦通着靴在前次傅右大臣此度權大夫公信
不候着靴欲前行彼是云不可然仍脱靴權大夫高遠
御後攝政已下候御共先例上達部候陣臨參上給之時
下座跪候而諸卿皆候宮殿上人候御共
傅留立軒廊西一間　渡立東一間　余排佃宣仁
邊不細見參上南殿於太弟改衣所從御
子戸隙卿々共見攝政候御後更參此處
被談雜事　太弟改衣處東戸前不立御屏風被
是示大夫仍撤西屏風一帖改立東戸

被読雑事（太弟改衣廂東戸前不立御屏風彼是示大夫仍撤西障屏風一帖改立東戸前西邊立二帖仍取一帖）加冠人参上着南廂座次理髪
人参上着座太子起座着加冠座理髪人進
着（自當間進着座）太子前倚子理髪（此間作法見或日記無相違仍不記）
訖取空頂黒幘加於頭上起座東退西面
立（在母屋南第二柱下）加冠人進到置物机下跪執冠
右執頂左執前北面立（在置物机南邊）祝曰云々申詞座
不同（應和祝久云々）即着倚子脱幘（入筥）加冠訖復
南廂座理髪人々着倚子結纓理鬢訖復本座
此間余及見物卿相退下佇立宣仁門邊加
冠理髪人退下太弟改服着靴亦出傳先[illegible]座
階下相待太子替引至南階上（云々）此間不見
太弟退下傳引下殿（大夫相迎軒廊侍奉如初）還給休廬
攝政諸卿候御前内侍臨檻召近衛次将右少
将頭基（四位不帯弓箭彼是云未引陣不可帯弓箭者）至階下之内侍
作宴加冠理髪人即参上此間不見之
禄退下於庭中拝舞（西面北上左仗南頭）天皇還入
坊司参上撤加冠座倚子机及御厨子等撤下

坊司参上撤加冠座倚子机及御厨子等撤不
御膳撤、此廂擬衣之所、為東宮借膳之所、与同
余及諸卿参上殿上侍所、摂政同被候、被
催南殿御装束、所司立王卿座如節
余復陣座、卿相々従、大臣以蔵人頭左中弁経
通令奏詔書臣訖、先是被作宮宣旨乳母等名可下給名簿、欲又詔書草昨可
被奏、欲又詔書進御所可被奏、欲依御画至臣訖依
覧摂政付人被覧、有何事乎、至詔書不可然、
位訖、請帋向暫撤、此座停場位署〈記〉返給、
訖令給宮司、詔書者給中務如例、天皇出
出御南殿、近仗陣、預立胡床、中少将帯弓箭着靴、天皇御座
宣、近仗警蹕、次太弟参上殿上儀、不見車
燭、余上藺、大納言道綱早出来、知其由、只称病、此十七字勘物也
後及諸卿出自敷政門、向日華門、左大臣不立
列、被奏所労欲若、玄成楼空之吉儀可無、十二字勘物也
欲太弟謝座了、諸卿入自日華門、下官為上首先入門
下着靴、列立、叙位東三許丈、参議已上一列、四位以下在後重行、並北面西上、謝座春
高右近中将公成執空盞来授、玄成着胡床、下取弓
謝酒儀如常、上下着座、諸卿参議如節会着、大夫座在宜陽春殿
南殿、余起座退下、諸卿次第退下、出従敷政門、七字勘物也

南殿、余起座退下、諸卿次第退下、出従敷政門、
到日華門下、四位已下取献物菓子、更帰[illegible]（七字勘物也）
百捧授上達部、皆取之、皆作木、諸大夫
不足、仍六位取之、近代例也、公任卿所陳、余為貫
首進立、殿上四位東上、進自初列、是例也、参議已上一列、西上北面
諸大夫六位列後、並行、良久之、大臣同立、向北
物、余稱唯立、御子六口の献る（ヌチアハ）、御覧了、鳥
次々稱物名、大臣立、進物所に給人、余稱唯、南
三歩、奏、膳部二聲、於月華門邊稱唯、良久
不来、度々相催、従参来、其数少、余給献物
抜笏、復列、次々卿相給献物、膳部相同、諸
大夫不就、進物所進之、余左廻出自日華門、近臣應出
例不、諸卿相従入自敷政門、復、諸大夫廻自宜陽殿可復座所経
同
七夜後欤、依入夜欤、内膳自西階供御膳、東宮六采女参
供太子膳一人前、出自御障子戸、采女坊司殿上迫給、公行供之、供御酒了、次東宮、次皇
御膳、内豎宮高推盛公成、不一献、唱平口
節會但依是云可用句儀欤者、仍太政大臣
執盃者蹲飲、又起唱平、推盛作法大不覧
此間用長樂永安木門運出七食弁官行事

此間用長樂・永安等門運出七食、弁官行事、
雖人數多集取七食、極以狼藉、僅少々運
出了、同門三獻、今（後令）催雅樂寮、依及深更、於日
月兩華門外奏舞、人音聲參入、分立東西、明
門壇下奏立樂、大唐・高麗舞各三曲、舞人四人着重褻衣、束如節會、
各罷出、音聲了、大臣退下、依可奏見參、於殿
召在杖座之間、三獻了後、大臣奏見參、如節會
儀返給、退下、此間內侍持御衣、出自御屏風
內賜太弟、（內侍居太弟座北邊、太弟下座跪取之、出取御衣一其外疊座下）太
弟於南廂西面拜舞、（當座南）退下、左衛門外
賴宗依攝政命、昇東階、趁取太弟御禄、
遺退下、大臣依太弟傳催、彼退下、不還昇、
余已下退下、細雨零、仍大納言信通、於宜陽
殿唱見參、余及諸卿到春興殿給禄、於宜
陽殿拜舞、先是太弟參母后御所、（以宜陽殿為）
卿退參入、所庭座有饗饌、攝政右大臣已
次着座、太弟於簾前拜舞、入給、御簾
禄、更出給、於初處拜舞、又入給、即主上渡給、
召侍臣令卷御簾、東面庭御坐、母屋御簾

[illegible]
召侍臣令巻御簾東面庇御座母屋御簾
前東宮坐御座北面東又庇敷圓座廣人
頭侍通召諸卿先是攝政候御前右大臣
已下次第參上候御前座又令敷伶人座於
欄下居上達部衝重有一兩巡應召伶人着座
供御廚子所御膳御臺中納言行成卿膳
不稱警蹕依母后御在所行成卿案内彼是之所了
稱彼又存矣又有東宮膳高坏六本行成卿之可有四本歟可尋
前従北方供之童宮昇殿者供之例也殿上
例
地下官竹肉合聲賜宴重伶人御遊衛園
后宮給禄殿上侍臣渡御前於北渡殿給禄
給之大臣已下參議已上女装束但有差殿上人
伶人同給禄子刻許退出
詔皇太弟敦良周誦眷良材漢庭讓德能度
之月添甚明牛漢之星楊其耀且是以仲秋景
宿日月春辰備首服命應三加之礼容儀兮
従四行之文宜尋徽章於日晨日以均廣
着天夫天下爲文後者占位已下叙爵一級
寛仁元年以往調庸未進咸從免除普告

寛仁元年以往調庸未進咸従免除皆悉
遐邇俾知朕意主者施行
慶快云々座主御病殆危被期旦暮人々□□
讓状内々消息云此事不穏也不奉同殆吉
攀縁伴状送之若有手夏可奉見者
廿九日癸丑今日春宮有饗饌構政及中納言
已下参入臨夜退出

九月

一日甲寅早朝臨河原解除　宗壊如例
参内事相兼東後陣頓無人大納言公任候歟
上向陣其後卿相参入相共参東宮有饗饌之人
左中弁経通令覧皇嘉門損色文之次内
可定充造門築垣等事諸卿相共可定申給
大弁可参入也且作了可随處分其後構殺
参東宮有雨三盃事次申明日定事令云
諸卿相共定申有何事但大弁参入者條
他卿相得可定充皇嘉門可充近江国
内者不可定充為充防河　今日卿相漸云々
大略云明日可参也今日上達部大納言公任中納

大略云、明日可参也、今日上達部大納言公任中納
言行成教通頼宗経房能信實成参議
兼隆道方頼定公信三位中将道雅兼経
作名
ム衛里退出逢中事燭
可被修造大垣事ホ
二日、乙卯、今日可定充修補大垣之国々、左大将
信通朝臣云、修後國不可定充事由、去夕申構
改了者、如此之事雖旧也、仍先参構改殿別納
宰相乗車来、即奉謁、申可定充之国々、
命云、修後国雖有所申、是之内々事、昨左大将
所示也事也　入道殿年預金申云、前々以二町充一国、
然而今般依年中可了遣、月不幾、二町太難
畢欲着、被充一町至悪賣一所被充欤、国猶破
損之大少相計国々強弱、配充畢、令畢其功、如
何、至今一町以他方大垣後々被充、如何構由、
今一町後年更充、若有所慈欤、又申云、今年
被充二町、年中令畢其功、雖叶朝日欤、今日
定且充一町也、載宣旨下知、後日雖慈申欤、
改議許、即参内、左右大弁候陣吊前々之
年硯未定充、定文左別左大弁執筆、此間外記頼
孝申候御馬解文之由、仰整可候、新中納言

孝中依御馬解文之由仰整可候新中納言
能信奏入之了之文并皇嘉門并大垣損色之
不相加付左中弁経通北陸道回〻臨冬可難
致勤仍不定充也令加申心神不宜不奏御
馬解文可申他上之由作頃孝了退出黄昏左
大弁同出外記觸峯相資〻平仍徒左右衛陣退
帰依可分取御馬状
早朝座主御心地事問遣内府臨昏返事持来
云可難被存者
奏御馬解文事
三日丙辰峯相云去夜中納言能信奏御馬解文
貞衣 拘奈 於中隔分取左右馬寮不候左右近衛[illegible]
数太少残定峯御馬如前楽能信卿有批[illegible]
之気者
四日丁巳昨日左中弁下給造門大垣未定之文損色
文不傳作云以権左中弁重尹可令行其事
件事年中可令了者又有他宣旨不[illegible]
権弁許有所憚不来今朝来也下給件[illegible]
文損色文未作宣旨趣但参摂政殿被示作
可作宣旨也相示了弁云史誰乎者皇嘉門損
色文負致暑者大垣致任暑此同何弁云負致可

色又負、致暑者大垣、致任暑此間何弁云、負致有
假先可作彼者甚後随氣色可左右也
申剋許、宰相同車来、々廻見四面大垣於淺天
門前遇大雨、即以歸家之後、史信賢令申云
權弁朝臣相替參入、弁依民部卿煩消息罷向
若有召可參入者、且令申云、尋前例給官符
若成官符有違可欲賜宣旨如何、又官符文
亦可載今年之内可造畢之由、臨来月可給
譴責符者、余令仰云、依前例可賜官符、在
京國司又弁済使等、且可令仰知、至于官符又云
可随被仰下也、以此由可傳示弁朝臣
明日伊勢大神宮遷宮神寳等使發遣、今日
〔内印事〕有内印云々、使祀〔神〕祇伯秀頼
〔伊勢遷宮神寳使發遣事〕五日、戊午、今日伊勢遷宮神寳使發遣、月
神祇官使伯秀頼王云々
宰相来云、參入道殿、彼是云、御受戒日可改随
身源大納言〔俊賢〕新中納言〔兼隆〕者
去夕朝臣云、廿九日御受戒、来月廿日先日占定
〔春日行幸依御忌日停止事〕春日行幸之日、而依御忌日停止、十月無大
者、来月廿日從月建計之、當御忌日、許白

者来月廿日従月建許之當御厄日許自餘分當廿一日但来月御厄月不可有行幸仍停止歟

六日己未権左中弁重尹来云摂政命云朱雀門美福門破損并如何者申云若可實見之歟命可臨見者仍昨日巡検美福門無破壊朱雀門北面上層有隙若無之歟此由命云可令取朱雀門損色者作早可令注損色之由又備後弁看使申云垣上無乞為風雨被有頽破歟并案内可令假葺者令申始従補日可作宣也先申摂政随彼命可令申之由含弁了弁云官符作上了若早不請有懈怠歟被作者座上可早令請官符之由可被催之事云含了明日申日後彼日宜歟件事不可申摂政也臨晴入道殿召寄相問命云了夜来傳命云廿九日於東大寺可受戒此間事太不審圓融院御受戒之間度者不事宣下上卿次奉下之由在人々日記若有所記可注奉者語次問申春日行幸事十一月廿日比有日者可令諸卿定申者左中弁来云令了元服事大略於幣殿可令元服歟

天台座主慶圓入滅事

七日庚申　天台座主大僧正慶圓去三日夜入滅

天台座主慶圓入滅事

七日庚申　天台座主大僧正慶圓去三日夜亥許
入滅　春秋七十六　彼日以後日次不宜不亡奏
忠時　左内侍　許
圓融院東大寺御受戒同曆略記申三不書
出付事相奉入道殿　御受戒日記不奉　彼日以前事書出也　小時還来
云被留了者申剋許忠時帰来

可修補諸門大垣日時事

権弁持来陰陽寮勘申可修補郁芳門
以南談天門以南并皇嘉門南面大垣日時文
十月十四日丁酉　時巳若午　十七日庚子　時卯　余同廿一
若辰　但廿一日甲辰不可犯土
日甲辰不忌申修補日別注不可犯土之由不
得其意作事由可剛去歟即返給云可
覧權政之中并云明日可令撰申官符之
事權政被作大外記文義朝臣了日時若可
載官符歟若云見前官符不載日時作官
符以後宣旨載可修補之日時宜歟并朝臣
八日辛酉去年朝臣云十月昔御尼日不可犯土
仍昨日注申不可犯土也又云談天門以南一可當御
忌方今年不可犯土者此由示令朝臣
朝臣所了者又云今日依召參入道殿被定春日
行幸日十一月已歳暮故定十一月廿八日是内々事
只所一定歟者　事相云昨夕依權政命

行[illegible]
状、命一定欤者、宰相云、昨夕依摂政命参入
（摂政家庚申事）
有庚申事、左大将已下兄弟納言近衛[illegible]
達不参、會有管絃和哥攤、
九日、壬戌、権弁持来陰陽寮勘申大垣皇嘉
門未修補文、是先日所持来也、有去年所申剋
昨日如所申示可申摂政之由、但陰天門又南
一町今年當御忌方、不可修造者、長門国可
修補之一町也、遣可年中修了官符、臨修補時
可作、自明年可修之由、為不令致懈怠、至修
補日時宣旨不可副遣、弁重来云、勘文令覧
摂政了、命云、件勘文不似例文、然而如所申、十
月廿一日不可令犯土者、来月十四日可始修者、長門
国事依請者、
（八省行幸停止事）
十一日、甲子、今日八省行幸停止、木工頭周頼去
晦比卒、依彼服、摂政不可被催行事、仍停止、
云々、
権弁持来朱雀門損色文、示可奏之由、弁云、
昨日無政、不請印官符者、覧損色文之次
可申摂政之由相示了、外記史生進東[illegible]
元服詔書、覆奏加署返賜、　山階寺[illegible]
（入道相府受戒事）

元服詔書覆奏加署返賜、山階寺[illegible]

入道相府受戒事

別当僧都来云、入道殿御受戒、被仁給御
戒僧俗甚数、大少又云、従昨日煩有悩気云々

十二日乙丑、日来於行願寺奉令造等身多宝
塔、而或云件塔上層有八戸、大塔亦皆有十二戸
者、仍驚問之、無能答之人、可問仁海律師・慶
祚阿闍梨

十三日丙寅、仁海律師来談造塔事云、上
戸八下戸四、又露盤九者、昨日問遣慶祚阿
闍梨許、有示送之趣、多宝塔初見法華宝塔品、所経又不記戸数、随
則目近諸宗疏中又無此事、但真言之中感見此塔
也、可御坐之事、而又真言之中不見戸数、但愚案十
二戸之説・八戸之説、如今者皆是之人情欲、未御覧一定
説文以前、只以結構功畢之様、令為先、結構有妨[illegible]
者、慶闍梨
返状如此云

摂政作文管絃事

十八日辛未、宰相来云、今日入道殿令受堅[illegible]
経給、依摂政命、参入者、或云、有作文・管絃事
十九日壬申、宰相云、申剋許入道殿従経具復作文
管絃、参入卿相、摂政・大同・大納言斉信・俊賢・
公任、中納言教通・頼宗・経房・能信・宰相道方・
朝経・資平、子剋許朝経・資平来、生国不[illegible]
雨事者

雨事者
今朝資高令登山、有云遣内侍事、不随病暮
歸来云、依遺言弟子等不着服、遂於法事之
日修了、更又不可行、不可破遺言之了、但
座主備千僧鉢飯食七百僧、其外父之
与文絹七十疋、可入布呂有卅疋、今四十疋不
子等各可出、但良圓絹十疋・米十餘石可出者、
須臨彼期自家送遣也、
入夜惟圓師持来帥納言書、其状云、從高
麗国虜人送使来對馬之由、申彼嶋解文、
仍言上其由、是案内注府解等、明日臨時祭
始、一府大事也、然而向其事等不令申付者、九
月廿日書、
廿一日、甲戌、午後参入道殿、宰相同車、先向小南奉拜
丈六阿弥陀如来、立像、以章信朝臣有可相逢之
命、仍奉謁、暫有清談、
廿二日、乙亥、召使云、今日在府有可被定申事、可参
入者、答依犬死穢不可参由了、今向参入之
上達部申云、大納言三人、余・斉信・公任、左大弁外召
可申者、是大宰府言上高麗国事歟、件事

可申者若大宰府言上高麗国事歟件事
昨日入道殿有被示事其趣者為刀伊国
賊被虜者二百七十人許云々〔男六十人女二百余人〕相送之由
百余人云々只候對馬命云給絹米亦可帰遣
也先尋新羅国貢調時給物例可被行歟
者大宰解文并高麗牒等尋取彼日可見
之頭弁経通云大宰言上事諸卿相共可被定
申由昨日被仰左府〔顕光〕被申故障仍被仰右
〔陣定事〕〔大宰府言上高麗国牒事〕
府今日可定申者已余大納言〔公任〕余也可預
参也別有摂政〔頼〕御消息仍来告也者還入
道殿被問摂政之々随又有与（御）消息者令申
觸穢由訖今朝以使所申極甚便以一人之
所為歟所申欲宰相云以使云有事定可
参入者仍参内者
廿三日丙子宰相云昨日右大臣〔公季〕按察大納言〔斉
信〕権大納言〔公任〕左大将教通右衛門督実
成右兵衛督〔公信〕右大弁朝経参入頭弁経
通下給大宰府解文高麗国牒等諸卿定申
云高麗国使以上大宰府暫安置便處可（厚）賜
資粮可被問此間持疑事亦又先日大宰解

資粮可被問此間持疑事等、又先日大宰府
文注刀伊国高麗国隷注女真国、此事々可人
被問大宰府又馳驛、可申所以、卿等言上旬
日多廻、同可被問也、給報符又随申上歟、處
可被定下歟者、又作云、按察大納言明日也、令
早参可定申春日行幸事、即按察行幸
事相弁史来問其人

高麗使間事

今朝源大納言俊賢云、送云、高麗使事其定如何、
數多者著少、進旬月者可量回、隨機可
知衣食乏、以早返爲先、見彼案内、始自文書
手跡無所恥、不論才之淺深、可作返牒歸
程如何、内々可給位階事云々、隷已下定日
年何授位階、又知年位進一階所作也、牒文
年位此間領申侍於一朝中事者、雖無是非
誰人謂其旨、韵異国事先々所不緩怠也、又
可歸送先日捕得者、流来者亦也、二百餘人
男女何可容異朝、謀詐之追々被尋問、自
可知實、不使久住事、未得意侍、依彼國
謀略之旨、我朝可被推行之有様、未思得侍

謀略之旨我朝可被推行之有様未思得耳
者雖依觸穢不預会議也今案不可被遣
同状只以若使遣属藍可為其志給物然早
返遣上計欲但昨定旨以事相談説告大納言
言重示送状云定旨大略承侍不馳驛也之者
失也不高麗失依後々重言上可被定下由
如何雖有彼朝許可被行旨如何只如不云
早被迴却使上計也彼国牒中女真時
獻由是可所捕尤可責不順旨也撃得異国
為賊以屬賊民送當朝尤大事也宋朝可牒我
朝亦別府令来護府牒送対馬嶋旨頗可
頭返牒許也者　余又報事旨了源納言所仰
事誠可然件府牒未送源納言許取傳云々
送史許云々仍見彼牒文并高麗牒未披余未
見牒文牒未
春日行幸停止事
廿四日丁未春日行幸停止云々案内頗所報之
今年無日明年御慎々仍両年行幸停止由
今朝源納言示送云世間所深思者両納言也
度事内々来寄侍被問々案大納言今任云々案内
被申状者高麗使經歷二嶋奉大宰府如

被申状者、高麗使経歴二嶋参大宰府、如
何、入秋之後、風浪波不静、欲迴却之期已及隆
冬、彼国牒対馬使者、猶甚廣、更召上大宰往
還之間、若有漂没、極可不便歟、又於大宰被問
何事乎、経両嶋之程、計之見裏、猶也欲賜返
牒并物、従対馬返遣宜歟、以此由示達一品大納
言、報云、定日申仕、又之間若経其日、無便迴却
彼是云、猶問可然事可遣者、仍不強申了者
議事也、但裏已事見所欲者

丹波国百姓申善状事

従去月二日、丹波国百姓之公門申善状、去七月申
悪状、未得其情、今夜善状自宰相許傳送
廿五日、代宣春日行幸事案内、向遣吉平朝臣、云
十一月廿八日不宜、十二月廿一日、十二月御厄月、仍停
止、明年御忌方、又不可有者
宰相来云、前僧都心誉密語云、以五人阿闍梨
可被置園城寺号三井寺之事、有入道殿気色
者
廿六日己卯、宰相来、即去、臨晩重来云、参入道殿
有晩日御出立事、明日被宿宇治、明後日向大

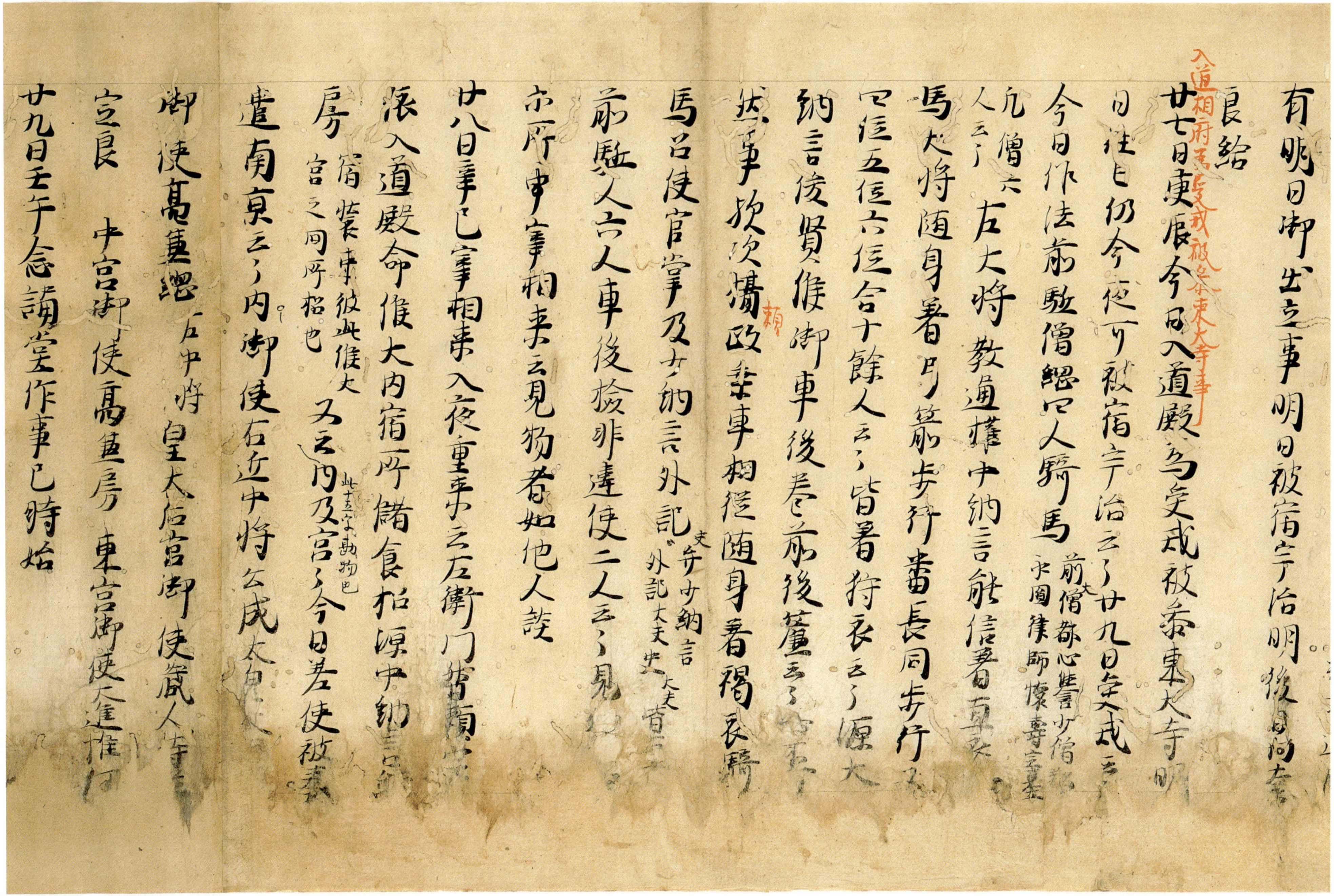
有明日御出立事、明日被宿宇治、明後日向奈[illegible]
良給
入道相府為受戒被参東大寺事
廿七日庚辰、今日入道殿為受戒被参東大寺、明
日往亡、仍今夜可被宿宇治云々、廿九日受戒云々、
今日作法、前駈僧綱已人騎馬 前大僧都心誉 少僧都永円 律師懐寿 定基
九僧六人云々、左大将教通 権中納言能信着直衣[illegible]
馬、大将随身着弓箭歩行、番長同歩行、[illegible]
四位五位六位合十餘人云々、皆着狩衣云々、源大
納言俊賢・俊御車後、巻前後簾云々、頼
然事歟、次摂政乗車、相従、随身着褐衣騎
馬、召使・官掌及女房・納言・外記、弁少納言 外記大夫 史大夫 皆[illegible]
前駈人六人、車後検非違使二人云々、見[illegible]
示所中事相来云、見物者如他人談
廿八日辛巳、事相来、入夜重来、云左衛門督[illegible]
張入道殿命、維大内宿所儲食、招源中納言[illegible]
房宿装束、彼此催大 宮之同所招也 又云、内及宮々今日差使被奉
遣南京云々、内御使右近中将公成 太白[illegible]
御使高棄継 左中将 皇太后宮御使蔵人左[illegible]
亮良 中宮御使高貞房 東宮御使大進惟[illegible]
廿九日壬午、念誦堂作事、巳時始

廿九日壬午、念誦堂作事巳時始、
参太皇太后宮御読経春季、臨昏退出、入
卿相大納言道綱・斉信・公任、中納言行成・頼宗・
経房・實成、参議公信・右三位中将兼経・参議
資平、彼是卿相云、今暁東大寺勅封倉
盗、大監物惟忠申給、馳参云々、又云、今日御
戒後、食於食堂、供千僧、次参興福寺、明
可被参春日御社云々、乗船経泉河、可
給云々、
卅日癸未、
寛仁三年

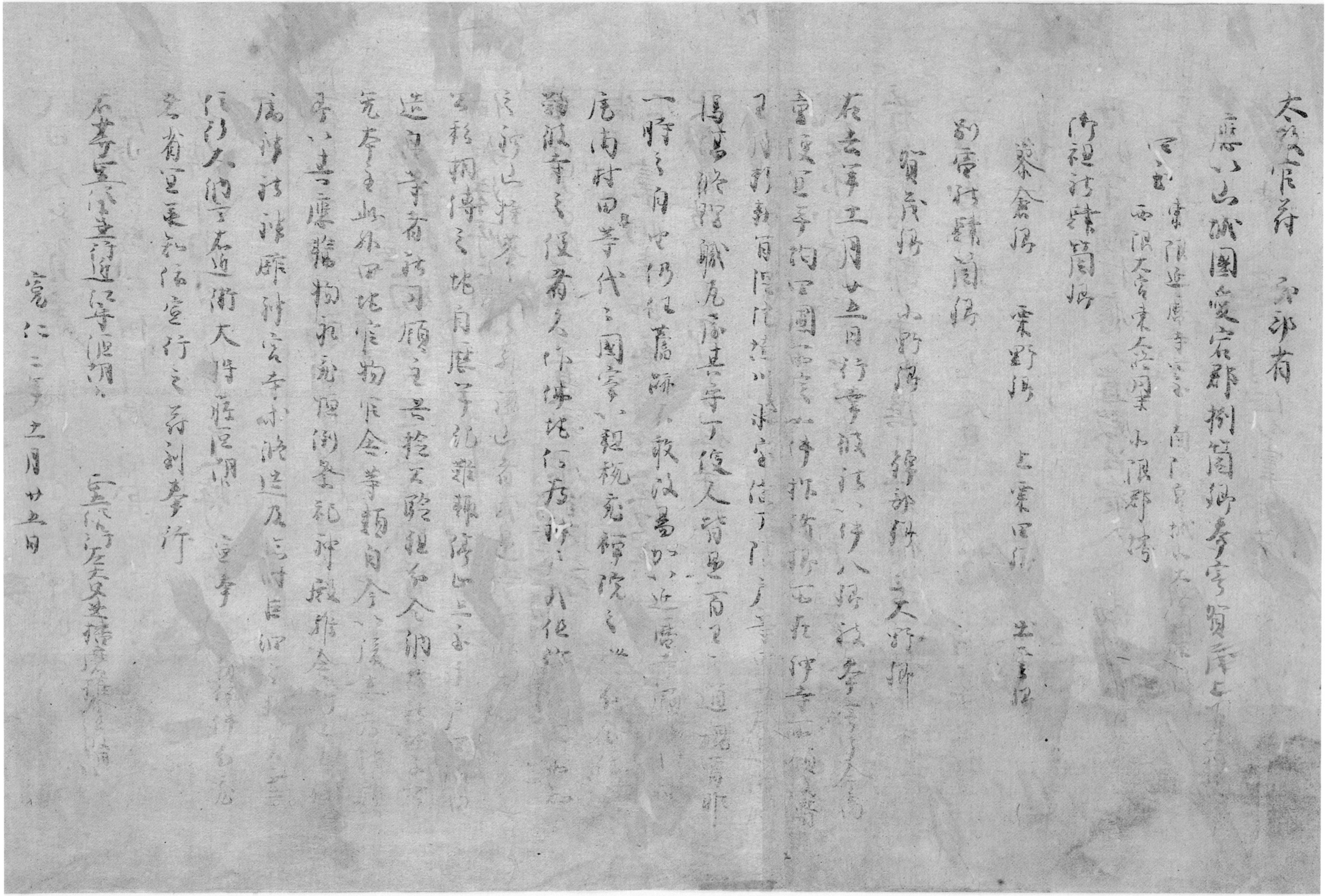

太政官符　民部省
應以山城國愛宕郡捌箇郷寄奉賀茂上下大神宮事
四至　東限近江堺　[illegible]
西限大宮東大路同末　北限郡堺
御祖社領肆箇郷
蓼倉郷　栗野郷　上粟田郷　出雲郷
別雷社領肆箇郷
賀茂郷　小野郷　錦部郷　大野郷
右去年十一月廿五日行幸敍位之次、仰以八箇郷被寄奉[illegible]
[illegible]
寛仁二年十一月廿五日
[illegible]

太宰府解　申請ヽヽ
言上對馬嶋判官代長[illegible]諸近越渡高麗國迎得[illegible]
　　賊徒被虜女拾人等參状
二人筑前國志摩郡安樂寺所領板持庄人已上進府
一人病船中不参府
五人又病悩留本嶋
二人到来之間病悩死去
八人對馬嶋人
一人進府
副進賊虜女内蔵石女等申文
右得對馬嶋去六月廿七日解状、同廿一日到来、偁得[illegible]
伊奈院司同去六月解状[illegible]、[illegible]賊徒到来之間[illegible]
等其母妻子等被虜為賊船逃帰當嶋之日諸近[illegible]
還本宅然向[illegible]日夜盗取小船逃已了[illegible]
之元羅渡渡耽羅被害言上大府将被召進[illegible]
被虜得而還去又渡彼處若云被召進[illegible]
訴愁請府裁被下[illegible]内蔵石女等在所持帖[illegible]
嶋今月九日解状同十二日到来[illegible]
已仍其由言上已了而今月七日諸近到来申云刀伊賊到来
之日諸近母伯母妹并妻子従者十余人被取[illegible]
外[illegible]筑前肥前國但賊徒還向之後[illegible]
近獨身逃脱獨留本嶋雖竊唯離老母妻子[illegible]
有何益不如相尋老母妻子今於刀伊之地欲申事
渡海制重仍竊取小船[illegible]向高麗國[illegible]迎刀伊[illegible]
奉已遂彼國通事仁礼[illegible]會申云刀伊賊徒已日到

存已定、彼国通事仁礼、雑会宇高刀伊賊徒之日前
国致人捜物、欲拘載之間、近竜駐日本国、仍解井備其[illegible]
之間无武運向、當残賊海邊、仍於船於北岸、一両備舟千餘艘
前云撃其、八艘撃取了、其中多有日本国之虜者、仍[illegible]
内且三箇、一両之進三百餘人、已得其遺三箇一両[illegible]
被進日本国之中、已有公官、且遣對馬島一[illegible]
會被賊虜中本朝人等問、老母存已[illegible]賊徒
號之間取載、渡海高麗人、以病[illegible]
來徒不背、以死了、[illegible]一人欲[illegible]
十[illegible]
[illegible]更不被徒国界之定、日本人為[illegible]
慶高麗国、且以賊虜十人充給[illegible]
知令死已、至于今者進身於公塵[illegible]
稍制已重、何況近日其制法重、仍以満近身拘[illegible]
鳴使二示[illegible]家為観進[illegible]者[illegible]
高麗甚疑来徒、今以刀伊之被撃知不高麗之[illegible]
者元就国也、雖有国[illegible]之改備[illegible]心之[illegible]
為[illegible]誇勝戦之[illegible]通成好之便於請近一[illegible]
也越彼異域、禁制素重、況乎賊徒来後之[illegible]
為[illegible]異国者[illegible]制法、不[illegible]
[illegible]
事禁、[illegible]其身須得高麗国使申上、[illegible]
離知何日欲[illegible]之言、[illegible]

寛仁三年七月十三日

内蔵石女等解　申進申[illegible]事
[illegible]刀伊賊徒[illegible]高麗国海路雑事

注申被追取刀伊賊徒将向高麗国所経雑事
　国案内等状
右石女等去年四月顧流筑前国志麻郡被捕得
見対馬島被追取也且各被追乗賊船経日之間
而之合戦之日石女等寝臥無兩船之内中矢賊徒之人
着對馬岸之間皆以死之此外僧類船被拉
不斬走経着高麗国岸之賊徒等毎日未明
賊徒為進到鳴時人宅追捕取人也晝則徙
往於之老打殺老衰者又日本虜者之中
皆以入海　夜則各々積舟載也如此之間經廿余日
五月中旬之比高麗国兵船数百艘襲来撃賊
人等勵力雖合戦依高麗之猛無敵拠敵之者
高麗国船之體高大兵仗多備覆船殺人賊徒
從船中投害所虜之人等或又入海石女等同
浪所合戦並同不能見得着高麗
被取而之蘇生也但見被救乗船之内広大不
造二重上立櫓左右各四枝別所横之水手五
六人所乗人廿許人下懸鐵又一方七八枝也船面以
[illegible]石鉄角[illegible]十[illegible]作[illegible]
也其上面々各々執持也又入大石打破賊船又船長大
之同京合戦中手々殊不分未一類卅余人高麗被隔
迎金海府之途中十五箇日毎驛以銀器供給
當官使條々痛非常也尤二参尊重
府之後先以白布各充衣裳並以美食給
日之間毎日殊被府使對馬判官代長岑諸近一所

日ゝ間ゝ毎夜彼府爰対馬判官代長岑諸近[illegible]
彼追取賊徒之母妻子出到来高麗国[illegible]
参[illegible]曹[illegible]尹請[illegible]十人離岸之日依例[illegible]
給粮料人別白米三斗干魚卅隻[illegible]
金海府所集之日本人等三百余人是三个[illegible]
給色也諸二[illegible]人等来集之後差使[illegible]送還[illegible]
此官家為往反[illegible]言上如件

寛仁三年七月廿三日　多治比阿古
　　　　　　　　　内蔵石

甲巻 二十五

寛仁三年 冬

二十五
小右記
寛仁三年冬

小右記
寛仁三年冬
二十五

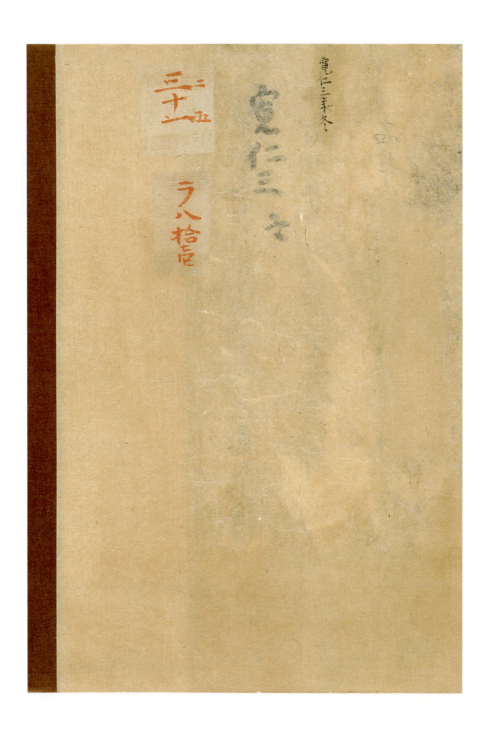

申云更不可罷向者不得其意猶在随
者明且又以其氏可示遣中将許
十四日丁酉招右衛門権左章信談昨日濫行事
非可糺行只為達實正於入道殿
後守朝臣 政職 以委趣言遣侍従中納言
許即還来傳納言報云将者参入道殿未〻
仍不傳示参殿相遇可示者晩頭章信来云
達委旨此間亞将在御前命云中将雜人濫
行極不便事也彼随身男居大将家 云々
然早可放遣由宣中将〻〻摘有揔 云々
賢申云今日可始大垣事、辞朝臣有所労有仰

賢申云、今日可始大垣事、辨朝臣有所労有作
事乗車欲罷向者、答云、史向其處行事有何
始築垣事
事、信賢申云、今日始築垣事、周防長門云左不
始者、作可加催由、晩景中将随身男令舞、今日
章信爲令見無病由、以前備後守欲遣中将許
退去了、只任彼心哉、云々、中将忿怒殊甚、欲令調随
身元武扶明等云々、又云、不善者世人許向西京
爲切元武宅近代事有何術乎、入夜元武
承可打調之告、何爲者、亞将所行已似狂乱
亞将可令打調将軍随身之謀略事甚々常
而已、万人不甘心歟
十五日、戊戌、政職朝臣来、傳中将長家歎云、随
身武行被能打調、不動身、又被切鬢之由云々

身武行彼能打調不動身又被切鑽之由云々
者皆是虚言不可論是非令鼓濫行　何等
予荅其由了随身等令申云可令打調随身
等云々連々告不断今日可有御覧御馬之備並
而不可参入何奉仕乎若不参入者可為難
急欤者仰左右可在心之由又至差発使時可
令仰事由
入夜東大寺別当僧都深覚招駕被談雑事
頼
之次云一日奉謁摂政有可任僧正之命権僧
正明救可任天台座主法性院源可賜封院
源所申請者此間事多不能具記
十六日己亥呼儀懐朝臣語次示一日濫行事等
為令披露路入道殿辺入夜宰相来云参入摂

為令披露入道殿邊入夜宰相来云参入攝
政殿有次申一日濫行事頗被驚奇次詣左将
軍方訪兒病次達此事被陳不聞由同驚奇
者
十八日辛丑頭弁来談明日元服事従昨今掃
西對懸簾昨日吉日仍始懸寢殿簾明日皆
可懸
大禍
十九日壬寅頭弁経通太郎於此西對可加元服
先送直衣装束絹直衣赤練打綾褂一重山吹色　綾褂紫織物指貫三重袴使
随身近衛信武与絹二疋入夜頭弁随身息男
三人来向亥時加元服新冠名経任給爵　入道殿北方臨時給加冠源中
納言経房理髮民部大輔實経侍従経任四位
章任指脂燭新冠者着朝服進出庭前致
拜加冠理髮禄如恒以余馬志加冠二郎三郎着

拜加冠理髪禄如恒、以余馬志加冠二郎三郎着
袴、余結髻入居處之間装〃女装束季信
朝臣持来云、経通朝臣云、是自大宮所催給也者、今
可与加冠之由返遣之、宰相云、件禄不返與者
資平退去、為之如何、猶可奉者大宮似有御
本意云〃、仍不返遣、納冠者装束之衣筥更
納直衣装束返送（綾直衣青鈍綾指貫 白綿袴三領単衣白綾）今夜[illegible]
頭弁所儲加冠理髪前并余納言殿上〃〃諸大
夫饗等也、此外女房衛重侍所随身所饗皆
設大破子賜所〃云〃、着袴童前各有前物
今夜立明左右近官人院御随身摂政余左将
軍随身等給之絹云〃、此外番長弘重・武晴等
殊賜之絹云〃、依立明歟

殊賜之絹云々依立明歟
昔美作秦孫十疋送内供許依前日消息故
座主七々忌當明日以七十疋絹誦經七箇處々
料云々重有不足由仍二疋付使送遣又了
去夜事云遣頭弁許綿衣遣宰相許
季御讀經事
廿日甲辰從今日被行季御讀經召使来告痔
障不參今日院別當御息所令參石山云々
僧綱召事
昨日被行僧事等云々大僧正濟信僧正明救權
僧正深覺大僧都尋光先年辭少僧都今更任大ヽヽ少僧都
以明救補天台座主事
實誓權律師常典天台座主明救法性寺院源
給封百戸未知是
今朝宣命使少納言信通參上天台云々今日故
座主七々日施僧食一千僧於七箇寺調誦各絹

座主七々日施𩜙食一千僧於七ケ寺修諷誦各
十之宣命使参上頗無便宜歟
南山去月十四日令滅卒為遠忌念誦寺而去中
有瓦負知往昔有寺舎希有之事也
之體似人一間寺不知何百歳
廿二日乙巳早朝念賢師詣座主御許使令侍
達御慶午時許有報具次云請印鎰之日守
家司等被物若勞送乎者
宰相来云昨日御読経成刺叢願事々不便
右府一昨被申故障彼日按察奉信卿承行天
台座主并僧綱召事次奉御読経事　昨始補
関請五十余口云々　昨日摂政上辞摂政之表一昨大納
言後賢卿停任宣旨下云々

大納言後賢致仕事

大納言俊賢致仕事
俊賢

言俊賢卿停任宣旨下云々
廿五日戊申宰相云昨日御讀經結願大納言斉信
卿爲上首御讀經作法如散樂云々

院御庄石山國司不奉仕事云々

院御庄石山之間國司不奉仕一事仍別當
中納言能信行事故下部等令召搦在國職掌

遣下部等令召搦在國職掌者事

者等濫吹尤甚云々國司左中弁經頼作承仰事不
儲催一事不可然云々如此之事浮言多端國
司在奥郡稱入部云々
廿六日己酉巳時奉造塔内釋迦多寶二躰一尺
像三寸以白檀奉造也其上可押金先日行圓聖云々摘造貴未可押金者仍以白檀所奉造也仏師揚空

大宮并中宮御讀經始事

今日太皇太后宮并中宮御讀經始稱障不參
宰相來云參宮之御讀經由今日不參事可
示源中納言經房由令宰相臨夜來云傳示了者雨

示源中納言〔経房〕由、令寛相臨夜来云々、傳示了者、雨

宮御讀経行香上﨟斉信卿者

廿七日庚戌、権中将公成以将曹正方消息云、〔實者／右府〕右衛門督相共議定消息者、少将實康依弟服〔今朝弟童死去、右兵衛督正信子、入按察養子〕

不可勤春日祭使歟、誰可奉仕乎、答云、今日

依身忌不申達、明日欲申案内之間、有此旨、新中

将〔長家〕去年賀茂祭使、少将良頼軽服、少将

隆國今年春々日祭使、仍可被奉仕也、従上遠

可無歟

臨夜宰相来云、参入遭殿、皇太后宮大夫云、越後〔越後守行任依辞五節被停釐務事〕

守行任依辞申五節事被停釐務者、今廻恩

慮、太后御乳母子左中弁因縁事定無闕歟

廿八日辛亥、宰相来云々、今旦丹波守頼任来云々

廿八日辛亥宰相来云、今旦丹波守頼任来云
夜依召参内蔵人左少弁資業伝仰云可献五
節者越後守行任辞申替云々
廿九日壬子越後守行任被停釐務又遣召使云々
去之所推無殊事乎
大宮御読経結願事
宰相来即参太后御読経結願亦可觸余障
之由入夜来云、觸権大夫了者　左衛門督 頼宗
十一月
一日癸丑石塔如例宰相来不着座云宅有犬死
穢者而先是資房着座仍不可忌穢
院自石山令出給事
大禍　二日甲寅今日院出給自石山云々宰相参入可参
會々坂開者身雖觸穢参途中有何事乎
左中弁経通領知鴨院之後今夜始移徙云々

左中弁経通領知鴨院之後今夜始移徙云々
三日乙卯以随身高扶武可補番長之事以将
曹正方示遣權中将公成許可宣下者宣旨書
案先將来見了返給
召使申云明日左大臣（頭光）有可被定申事可参入者
稱障不参
（春日祭使事）
七日己未奉幣春日祭々々使右中将公成従閑
院出立以将曹正方遣摺袴三重
九日辛酉早朝宰相来即退出去示送云召使云今
（梅宮祭不憚丙穢参行事）
日梅宮祭雖丙穢可参行給者是依攝政仰外
記長国所仰也着昨日外記長国以召使令申可
着行之由而身雖為丙穢猶可参行由今日
重有傳仰為之如何事非觸詐春（奉）幣春日

重有傳仰、爲之如何、事非矯詐、春(奉)幣春日
參之事、依穢忌了者、參攝(賴)政殿、可令申之由
報答訖、晩頭來云、今朝參攝政殿、令申案内
被免障了、被命云、有所勞不參入者、仍重所令
仰也者、參使還饗所依丙穢不可向之由消息
不忌丙穢向春日祭使還饗所事
右衛門督報云、今日許丙穢不可忌、猶可訪(來)者、仍
罷向饗所者
十日、壬戌、宰相來云、去夕向參使還饗所、主人
相府出居家、初盃主人受之、召一座番長利
延給之、頗無便宜者、可尋前例、又當時可隨
便進止事也、會合卿相、左衛門督頼宗、中宮
權大夫能信、右衛門督實成、左兵衛督頼定
侍從資平、能信者使因縁、實成又也

侍従資平能信者使因縁實成又也
召使〻外記國儀令申〻明日左相府(府)有可被
定申事可参入者依小(山)階寺物忌不可参〻入
十一日癸亥宰相来又入夜来〻今日左(顕)府不
被参仍無定彼是為奇左衛(頼宗)門督今月内可
辞捨非違使別当者
十二日甲子權左中辨重尹来〻日来有所労
不従事今日初参囚備後國司申請造大垣新
物文今日可覧撿政又伊豫去左千今不始築
垣事仰可催由了
十三日乙丑今日先妣遠忌終諷誦道澄寺不
能自齋仍以増暹令齋僧前料施布一僧
念賢運
好得命
供養法華經心経小施増暹袈裟

念賢　運好　得命　供養法華経心経等、施僧遅袈裟
四條大納言（公任）五節舞姫装束奉送之、赤色唐
衣蘇芳織物褂地摺綾裳三重袴等也、擣
綾褂綾依彼御消息前日奉之、又舞姫料車
奉之、車副着褐衣冠、又頼任舞姫事同遣
車副桐同
十四日丙寅、午時居南山念誦堂并廊渡殿石
茂安宿祢預許宅、其程退去、茂正専任光是
小女同車渡宰相宅北隣、為避托、去黄昏帰
早朝宰相束帯来云、源納言（経房）頻語可参内之由
於雲上設食物、是頭左中弁経通所營云々（殿上垸飯事）
宰相申剋許従内退出云、源中納言（経）在殿上、号人
右三位中将参入、垸飯事太豊膳、大宮・中宮献菓

右三位中将参入院饗事太豊膳大宮中宮献菓
子（納折櫃 採色）云々左少弁経頼持来賀茂上社解文是
横尾八瀬田畠事也仰可能尋之由弁云々差
史生社司并国司相共巡検令注申如何者依請
十五日丁卯今夜不出御中院
十六日戊辰　此日御記在節会部
（節会日事）
同三年十一月十六日戊辰申刻許参内宰相〻
従陣頭参入左大将（教通）左衛門督（頼宗）在摘
録御宿所日漸臨暮卿相参入蔵人頭左
中弁経通伝仰云可奉内弁者余着南
座召大外記文義朝臣問所司具不小忌参
不申云所司参入小忌少納言参入上卿宣
相未参仰可遣催之由此間式部立標外

相未參仰可遣催之由此間式部立標外
記長國申云外任奏催仰可進由即進之
以左中辨令奏（覽揖改欲）返給被仰可侍列由
下給外記仰勅語臨昏陣引諸卿出外辨（大 内）
言公任中納言教通賴宗經房能信（小忌）參議兼隆道方
（小忌）賴定通任朝經右三位中將兼經參議資平　大
歌別當中宮大夫藤原朝臣（齊信）不參以皇太后
宮權大夫源朝臣（經房）可爲代之由以經通令奏
聞仰云依請（預指示經房卿先了）事燭後爲着宜陽殿
自壇上南行而兀子立額間廂内驚而退歸
令召裝束史奏親朝臣申不候由呼左中辨
并經通示事由乍驚進見云改立額南間
了（立柱行）者余着兀子左仗官人亦云内侍臨檻
早退歸了須見着兀子臨檻者也余起座

早退歸了須臾着丸子臨檻着也余起座
稱唯北行出軒廊東第二間進左仗南頭謝
座右廻參上着座撤政後御後次開承明
長樂永安建礼等門次闈司着座次余召
舍人二聲舍人稱唯小忌少納言基房參入
就版小忌爲上首宣召刀祢稱唯退出次諸卿參入
諸大夫一人不見就標宣侍座宣忘支爲謝座謝酒了參上
左大弁道方右大弁朝經外皆向五節所宸
儀入御余稱警蹕轉之復御之座又稱警
蹕上達部從五節所歸來參之内膳從左
進供御膳殿上階下舁座次居粉熟先小忌了
余候天氣御箸下臣下從之次供白酒畢
先小忌次余已下供黒酒次第同白酒其後供
一獻次小忌次余已下了令宰相催國栖奏小

一獻次小忌次余已下了令宰相催國栖奏小
時奏三獻了大歌別當代權中納言經房退下
歷南庭向承明門余興座端笏奏云大夫達
仁御酒給无得天氣稱唯復座召參議兼隆仰
大夫達仁御酒給へと其儀如恒大歌不奏一
節以宰相令催仰良久之於儛臺南奏
一節了余興座奏云權中納言源朝臣召む其詞云借乃中物申官乃源朝臣召む須召兼官而宮大夫太多云合四条大納言所召待天許稱
唯復座召左兵衛督賴宗其詞云左乃武舍人官乃源朝臣仰召
權中納言源朝臣其詞如初臨南檻召之如召御酒勅使此間
舞姫進出余仰云大歌別當未參上仰可
退入之由即退還攝政同被示此旨源中納言
參上次移大歌座舞臺北召內竪令下小忌
臺盤欲令內竪召大歌之間不待仰先着座

臺盤欲令内豎召大歌之間不待仰先着座
失前跡女官指脂燭副立南廂柱下次儛姫
出須臾大歌々後出舞辭見故殿御日記舞
訖所司撤大歌座次小忌及余已下退下列立
仗南邊拜舞了參上余不歸昇着陣座
撤陣前屏幔不可然召外記仰可奉見參
之由長岡進見參祿目録
一枚祿目録二枚見參
五位已上一枚停内一枚也
見了返給内記奉宣命見了返賜余起座
進立軒廊
南向
外記令插宣命見參〻進々
搢笏執書杖參上經東廂就御屏風後付
内侍執笏右廻立柱下
自東第三柱下
御覽了返給内
侍々々進御屏風南頭余進搢笏受取宣
命見參〻取副於笏左廻退下於軒廊賜
杖於外記長岡取副宣命見參祿目録於

杖於外記長國取副宣命見參禄目録於
笏參上着座此間宸儀入御余起座稱
警蹕内侍執御劔璽筥即還御大殿諸
卿復座召右大弁藤原朝臣 其詞云右乃大い大とを 乙藤原朝臣
稱唯來立以右手給宣命受了復座次召
修理大夫藤原朝臣 其詞云収め作 官の藤原朝臣 給見參禄目
録少退下到禄所小忌及僕已下列定仗頭
宣命使就版位宣制一段群臣再拜又宣制
群臣再拜儛踏了宣命使參上復座小忌并
諸卿參上余不參上直以退出依心神難堪
不向禄所賞相〻從退出同車歸家 子剋許歟
於公任經房小卿之五節所卿相侍臣脱衣
〻〻獻五節人〻殿上二人 尾張守惟貞 丹波守頼任
大納言公任中納言經房

大納言公任中納言経房

左衛門督頼宗卿々来月九日可上辞檢非

違使別当々表聽事極以不便無為術者

別当々外有被自由之氣色巨細事亦惣不

能執行官人亦心非清直者今見氣色依入

道殿命官人亦任意執行不觸別当欲他別当

弥難行乎

十七日己巳寮桐来々依外記催参東宮鎮魂

者其作法問日記案之

臨時祭事

廿一日癸酉今日臨時祭依物忌不参入其由

付寮桐令披露又示遣頭左中弁経頼許

廿二日甲戌寮桐来々昨日攝政被見物寅時

御神楽了使未歸参之間攝政御宿所被儲

饗饌近江守左少弁経頼所用意云々

饗饌近江守(左少弁)経頼所用意云々
昨日随身元武在蔵人範国共而中将長家従
者成群欲打凌而左府生延命等相救不令凌
轢云々奇怪事也末代何為々々上下礼法早
以滅尽嗟乎
廿三日乙亥今日左府有可被定事可参入者
称障不参権左中弁来言造大垣事等長
門国申請可築五段由仰不可然由去左国事無
弁知々者云々令進使部申文見了可令覧攝
政由示弁了他国々或致勤築或雖築始太以
微弱似無其期者仰可殊催之由右少弁資業
持来勘宣旨等見了令覆奏
四條(公任)大納言示送云可有公卿定云々右中弁定

〔公任〕四條大納言示送云、可有公卿召云々、右中弁定
頼〈蔵人頭〉欲令申宰相、爲之如何、明後日参入道
殿可申者、恩慮可示送報云、弁轉任無其期
只早昇晉太佳事也、若有天運會可然之
時者、次々事可無停滯、大納言云、至今可申天
授不取者還以可恥者、左中弁経通爲頭上﨟
若彼不望者可申、欲此間不得其心
沛辞退書一日被返、明年得替歳暮辞退、不
可然者
廿四日丙子、宰相示送云、昨日〔頭〕左府中納言行成
〔被定公卿分配事〕頼宗経房参議、道方〈左大弁〉参入、先被定公卿
分配事、次欲被定不堪佃事、頼宗経房公卿
稱可参母后御方之由、起座退去、數剋之後経
房歸来、頼宗卿遂不歸参、上達部數少

房歸来頼宗卿遂不歸參上達部數少
夜及深更仍停止相府云々如此之定無止之人被
承行之時上達部多被預參更無術之比也
者左大弁云々執政人分迎来事極難被行歟
者外記國儀持来取分配文
廿五日丁巳公卿分配文大外記文義朝臣差使大進之
藏史生公允進豐明節會祿絹二疋 薦三枚准節祿
絁欲申云卿所定者解文只注絹二疋大草三枚
卿云々手祿如何申云只今可奏者有事分絹也于
今不奏太不便事也小時持来
廿六日戊寅召使申云今日左相府有可被定之事
可參入者稱障不參右中弁定頼八座事申
達大納言御許報云申両殿氣色頗宜者
右中弁経通示送云明後日可有直物者

左中弁経通示送云明後日可有直物者
宰相来小時退去入夜来々参摂政御読経
（被定不堪佃事）
其後参内左府被定不堪佃并国々事等大納
言公任卿自摂政殿被退出不可然事也云々称
所労者
廿七日己卯蔵人左少弁資業持来宣旨前日
覆奏文等也之中義作国事可定申者有可
令續文仰其由
皇太后宮大夫道経（綱）使保季王被示送日下部
有信事年来任外国不仕被解却番長職
可還復本職之事為大将之時番長随身也
不変旧意殊欲相顧者報頗許容之趣左
中弁経通来談昇進事等
廿八日庚辰今日直物由左中弁昨日所談而其後

廿八日庚辰今日直物由左中弁昨日所談而其後
資業云未被下公卿給名職事人々其説縦横
今朝重問遣左中弁報云来月十一日以後定合
資業説
和暖如春事
天晴和暖如春明年可恐云々
廿九日辛巳密々小女相共向行願寺為結縁車
參立固不能得仁所遙拜退歸此両箇日講
演来月一日結願云々
権弁重尹持来国々築垣期日以前可造畢
申文小貳雖掌貳夫掌領申文也不取進行
事人申文重尹云行事者所執不進者但依
豫去年始築就中去年無未承知者也
入道相府参仁和寺給事
卅日壬午宰相来云只今入道殿参仁和寺給可
候御共哉云々布薩云々

候御共哉々布薩云々
臨昏頭弁経通来云、候入道殿御共、只今帰
給、自途中罷帰、又談所望事、於左大弁事頗
宜云々、若成就者相合欲令申大宮北方・摂政
未申入道殿北方・摂政同申了、入夜宰相来
云、候殿御共於仁和寺、有布薩事、饗饌
豊贍不可敢云々、入道殿以錫杖・念珠・馬等被志大
僧正、今日摂政頼前大納言俊賢・中納言行成・教
通・頼宗・経房・能信・実成、参議兼隆・道方・通
任・朝経・資平祗候、又僧綱等相従
前大納言俊賢為致仕其官、荷々是侍従中納
言行成卿所談也

十二月
一日、癸未、石塔如例

一日癸未石塔如例

宰相来云廿日移徙事省略新宅作法宰

相依入道宮命参仁和寺仏名云々

二日甲申黄昏宰相来云去夜仁和寺南御（仁和寺南御室仏名事）

室仏名今年入道宮被行左大弁（道方）修理大夫

通任右大弁（朝経）参会

三日乙酉参入道殿即奉謁良久清談四條大

納言会参日暮退出左衛門督（頼宗）皇太后

宮権大夫（経房）二位宰相（兼隆）等参入只余四條

大納言等有談説今日宰相乗余車扈

四日丙戌大外記文義朝臣来申云明日左

右大臣皇太后宮大夫中宮大夫左衛門督左

兵衛督右兵衛督修理大夫不可被参自余

可被参者依明日可定申事所令催也左兵衛

可被參者依明日可定申事所令催也左兵衛
督云近曽頻束帯心神太悩熱氣發動仍
日不可參者文義云源大納言停任官符云致
仕了者又云衛府會加供并荷前使當日闕役
可奉仕者俊賢卿辭退大納言而官符有致
仕由有相違也年齡未及致仕之剋後之人可爲
例歟
造小塔奉迎向大將軍方可忌事
吉平來談雜事於行願寺令造小塔其功
未了明年可奉迎念誦堂自行願寺可當
南方自明春南方者大將軍方也若奉安
置可忌乎否吉平云從我住處可忌大將
軍方奉移塔之方更不可忌也只自我居可
忌南方者又云入道殿奉造丈六阿弥陀仏九

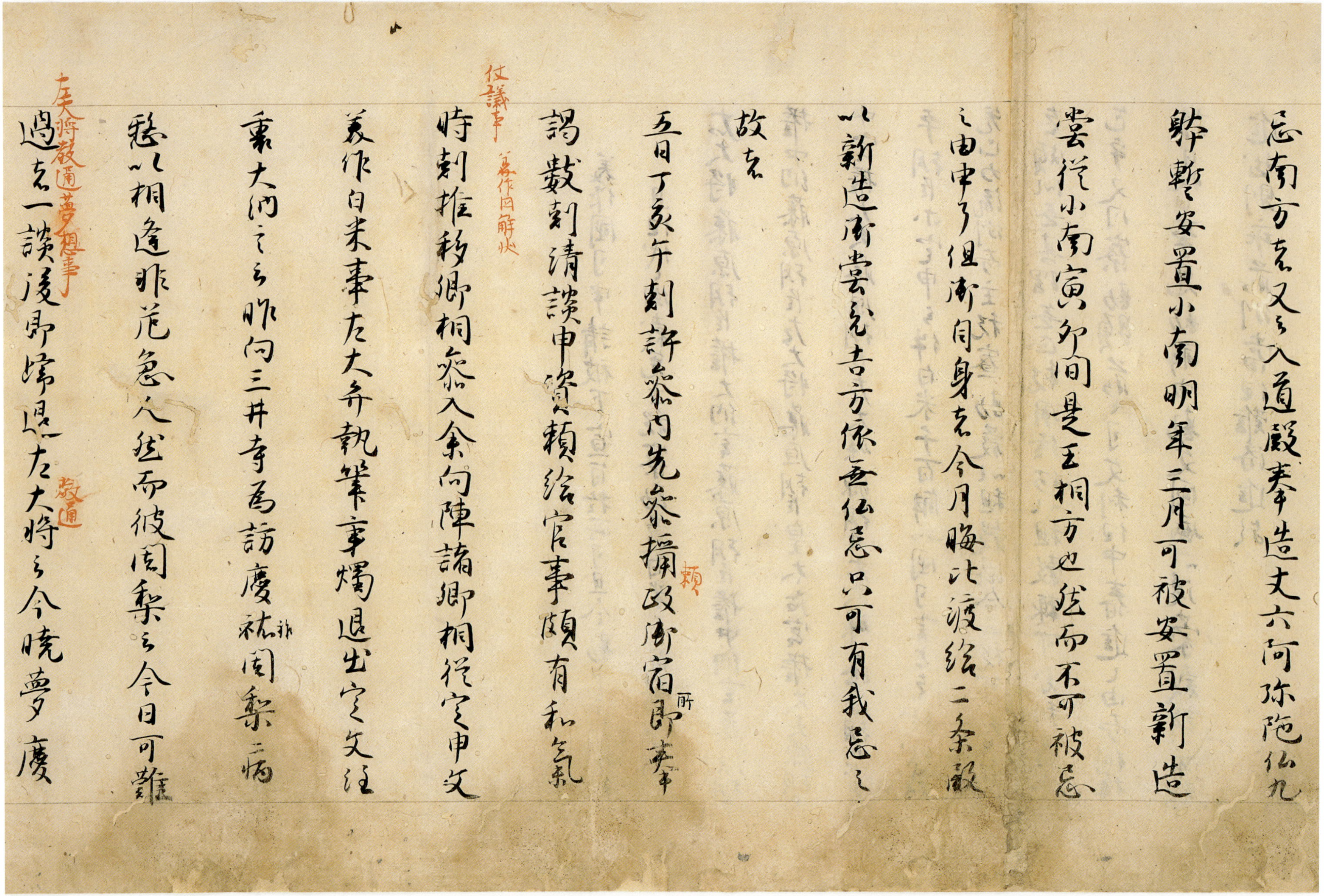

忌南方者、又入道殿奉造丈六阿弥陀仏九
躰、暫安置小南、明年三月可被安置新造
堂、従小南寅卯間是王相方也、然而不可被忌
之由申了、但御自身者今月晦比渡給二条殿
以新造御堂為吉方、依無仏忌、只可有我忌之
故者
五日、丁亥、午剋許参内、先参摂政御宿所奉
謁、数剋清談、申賀頼給官事、頗有和気
時剋推移、卿相参入、余向陣、諸卿相従、定申文
義作、白米事、左大弁執筆、事了退出、定文注
重大納言々々昨向三井寺為訪慶祐闍梨之病
懸以相逢、非花急入、然而彼闍梨云々、今日可難
過者、一談後即帰退、左大将々々今暁夢慶

仗議事
義作田解状
左大将頼通夢想事

左大将教通夢想事

過去、一談後即帰退、左大将〈教通〉云々、今暁夢、慶
円乗詣極楽之想、子日可入滅云、明日欲其
夢躰極貴、大躰色々雲門、天人音唱空中、
有船、々中載指是慶円乗迎極楽云々、
六日、戊子、ゝゝ定文不清書、今日持来、欲大雪間
大弁来向可有煩、仍送消息、移有可持来之
消息、若甚詞欲然、而其後差使送之、件定文
末詞有可改直之事、四条大納言之示、此由今日不
令参、資業朝臣来、然而不附参、資業云々、一
昨夕摘〈頼〉改心閑被談雑事、次中資頼事、命
云々、上臈上達部所中摘可有用意事也云、
七日、己丑、昨日左中弁〈経通〉妻産〈男〉云々、遣消息
事己有實哉云々、去夜院御息所産〈男〉

事已有實哉云々去夜院御息所産男

八日庚寅卯時立念誦堂南山前日戌亥之間石居石見等頭露諸人感云々午

時上梁今日午刻於寝殿請五口僧文算阿闍梨觀義僧遍念

賢運好一日二時轉讀仁王経依来廿日可渡寝殿

所修也

義作宅文付藏人左少弁資業

大工茂安宿祢来行雲事給絹二疋一疋長綿

等又給工部等禄長茂正一疋列之作布各一端又夫等給用銭

九日辛卯小野宮并庄園牧厩及男女財物惣

家中雜物織等不遺充給女子千古了注文書

預給了道俗子等一切不可口入之由注處分文書

官文書累代要書御日記等追可相定女子千古

産男子爲与彼轄不定充而已此庄等外有

産男子為与彼輙不定免而已此庄等分有
一両處可均分内供良圓并寧桐等但尾張國
淺野庄可免寧桐又山城國神足園尾張
部近江上高岸下二庄但馬黒河園等可免内
供良圓近江鶴見厩所出梼千寸三井寺堂造
作間免彼寺随状可施入未一定
左少弁経頼持来宣旨捻攅尾八瀬等田之文即
亦可覧入道殿之由
十日壬辰蔵人左少弁資業持来美作白米定
文并主税寮勘解由國司勘文等傳綸旨云依
上達部定任代々例不可填進者即宣下了
神今食事
十一日癸巳神今食不出御中院云々
左少弁経頼傳入道殿命云、實捻攅尾八瀬田

左少弁経頼傳入道殿命云實検横尾八瀬田
畠之文見了觀音院月林寺小田畠或在大門
内或在大門邊年来作来為寺領誠雖無官
省符國司不勘納官物又禅院燈分稲料田
無指其坪随彼院請申給其田官物年序多
積云々件小田数不幾可為寺領又八瀬横尾
小郷内元来弁官物之田者可為神領者其由
仰同弁了

院御産七夜事

十二日甲午巳時立寝殿中戸
黄昏宰相来云今日院御息所御産七夜仍
参入　後聞院出御侍所聊有管絃卿相
　　　纏頭左大将已下四五人候云々

故式部卿宮周忌法事

今日故式部卿宮周忌法事於法性寺被修
之々大納言被示義作白米事又宮國有所申

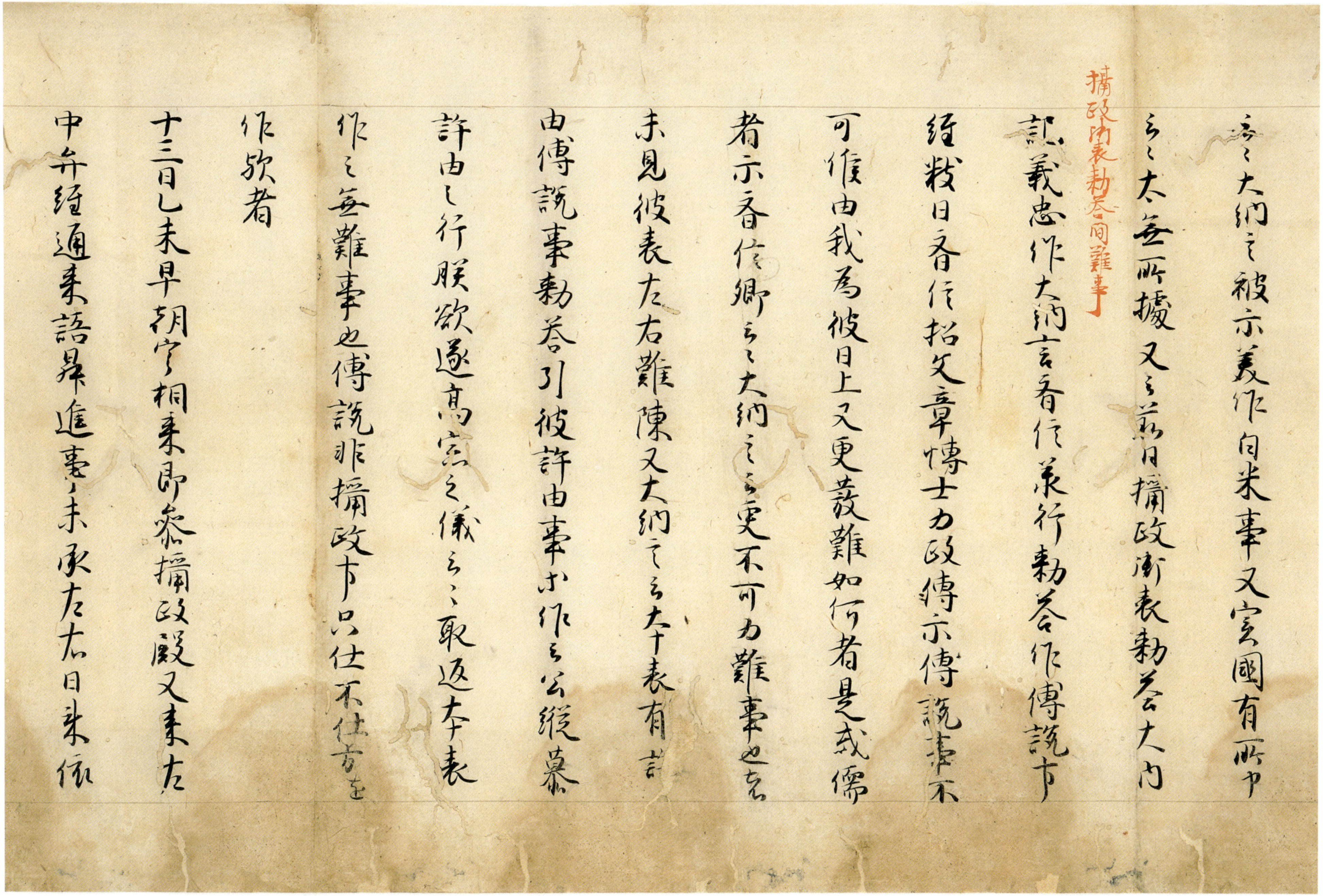
云々、大納言云、被示義、作向来事、又寛國有所申
云々、太無所據、又云、前日攝政辭表勅答、大内
記義忠作、大納言云、公信兼行勅答、作傳説下
攝政辭表勅答問難事
經救日、公信招文章博士力政傳、示傳説事不
可儀由、我為彼日上、又更發難如何者、是或儒
者示公信卿云々、大納言云々、更不可力難事也者、
未見彼表、左右難陳、又大納言云々、大下表有訖
由傳説事、勅答引彼許由事、小作云々、公縦慕
許由之行、朕欲遂高尚之儀云々、取返本表
作之、無難事也、傳説非攝政下、只仕不仕者也
作欲者
十三日、乙未、早朝宰相来、即參攝政殿、又来、左
中弁經通来語曰、進書未承左右、日来依

(26)

中弁経通来語曰、進書未承左右、日来依
産穢蟄居、今日可参處々、主税頭之国
来申義作国利春事、呼前司問之、随之不可慎
進由宣旨下了、新司時可慎進歟者、
権弁重尹持来伊豫去左国司請文、大垣件両
国于今不勤、十六日去閏彼以前国々築垣不可
築究之由度々仰下、而件二ケ国已無其勤、明日
可令注勤不之由仰弁了、

荷前使定之事

十四日丙申、昨日左大臣頼定申元日擬侍従并荷前
使、外記国儀持来擬侍従・荷前使定文、山階
下官、柏原大納々斉信、深草中納言行成、後田邑
権中納々頼宗、後山階参議頼定、宇治参議公
任、中宇治参議通経、後宇治参議朝経、班

行中宮御參議通經後宮御參議朝經班
幣參議道方
十五日丁酉、權弁重尹持來國々造大垣勤不文
件縁去左未築始亦安藝從明年可築而先日
申可築五段由不經一兩申、其後不申左右、抑勤
不勤文令覽攝政從明日去用不可築字否
事、問令申臨昏來傳攝錄命云、去用以後不
可把去之勤不勤文被留了、云左兵衛督來
談次云、可下上野守定輔勤出文事、有懇
切氣、示明後日可下由

左衛門督頼宗上別當辭表事
頼宗

今日左衛門督上辭退撿非違使別當之表、左
兵衛督説也、一度可被返、即又可辭、云左兵衛（頼定）
督有其氣色、奉攝政命歟

恐有其氣色奉攝政命歟

去月　十六日戊戌宰相來小時退去臨昏又來入夜退

十二月問移徙事　不可忌由吉平所申也

出貴重朝臣云一日助教頼隆云去月間移徙事

如何者仍驚問遣吉平朝臣報書云去月之時

忌移徙之文未見之但季終不注移徙但上

去年二月十二月入道同相府移徙土御門殿事

次吉平朝臣無妨仍入道殿下以去年六月移

徙土御門殿雖舊居而皆被行移徙之儀同

新所也仍勘申者去月時不移徙事注古來

聞又問仁統師更不聞事也者左右問之間陳

此由申達一条大納言左任〻〻惣更不聞事也可問彼

難者之旨遣頼隆朝臣問此事無所見只准

思他事所申也者問遣陰陽頭文高宿祢

稱他行不申左右翌日文高勘云移徙事去月

稱他行不申左右望日文高勘々移從事云々
之間不見禁忌但九不注四季月之善悪々々
之若可忌避歟至于指本文未詳者

陣申文事

十七日己亥参内宰相乗車尻中納言経房能
信参議道方頼定朝経資平從陣左大將
道方亦有申文由余許諾起座向陣腋小時史
挿書杖渡敷政門向陣座子方余起座着
南座次大弁着史忠行捧書杖居宜陽殿壇
雨儀
余同揖唯着膝突進書取見儀如恒先
給表紙次一々給（文四通上野勘出文明法博士月南備保資改姓大江文東寺々主解文二枚）史退
出次大將起座次余起座出陣後卿相雨二徘
徊請謂小雨仍暫不退出左中弁経通之入道殿
未時許參入給今日有上達部昇晋議歟身

未時許参入給、今日有上達部昇晋議、欲身
上事未承、案内右酉剋許雨止、余退出
十八日庚子、召使申云、昨日荷前使山階事外記国
儀令申者、仰国儀可参由、即参来、召前仰有
所労不可勤由事、実右廿日可移新舎撰吉日
可参内、仍可難勤荷前役、含此由了、頭弁
経通示送云、所望不合、依左大弁不可昇晋、二
位宰相并右中弁定頼必定者、又云、今日故大
僧正観修諡号事可被行者、宰相来、即参
入道殿、例釈経云々、入夜来云、摂政大納言斉
信大納言俊賢大納言公任中納言教通頼
宗経房能信参議兼隆参入云々、又云、俊賢
者可為致仕官符、而今日到本藤次者

金一
羅三

者可為致仕官符而今日到来臈次者
十九日辛巳、大納言御消息状云、納言左大将必定々
々々二位宰相兼加可任歟、宰相不可任々々宰
相左中弁相来、示将々昇進事未承成敗、昨
申入道殿、無左右命、今夕可取案内、明日皇
太后宮行啓（可渡御入道二条第）、可奉出車之由、所属久頼
来示矣
慈徳寺御八講始事
今日慈徳寺御八講
皇太后宮行啓事
廿日壬寅、右使々々今日皇太后宮行啓可供奉之
由有記、今申文令明山階寺物忌、仍不供奉之
種所労、又内々仰物忌由
臨昏宰相来々、為供奉行啓参入皇太后宮
廿一日癸卯、宰相来々、亡夕皇太后宮行啓（御渡二条第）

金一
羅三

廿日、癸卯、宰相来云、七夕皇太后宮行啓、御渡二条第
又内御仏名始、左中弁経通来云、宰相事放埒
右中弁定頼必可任云々、至今不思大弁事、此
度欲拝任、何為者、余答云、可在心、左少弁経
甘露寺稲田事
頼持来月霰寺解文、是神郷内田事、有
摂政御消息事多、不記子細、令申可在勅定由
下社司所申有理、又三宝事可
恐罪報、仍申勅〻（定）由
吉平朝臣送七十二星鎮、令置梁上、今夜子時
依可移寝殿障子、張事男二人各給疋絹、日
下部有信輔（補）番長、以将曹正方、令遣中将、成
又申達皇太后宮大夫御許、有感悦之報、彼大
夫為大将之時随身也、而不仕、今更補任
入夜左中弁同内言送云、車并牛車副一人相加

入夜左中将自内言送云車并牛車副一人相加
可送者即遣之、但参議欲子時渡寝殿入
自西中門先散五穀〔貴重朝臣取散　須下家司散〕次主計頭吉
平讀咒反閇次牽黄牛〔随身番長着褐衣牽之〕五位二人
車續松到南階下又讀咒退、余直衣着廂
座此間被物吉平〔合細長一重袴一具　師通朝臣取禄〕前五菓〔生栗　搗栗
柏　干棗　橘　當時美名物〕宰相手長余前了次女房着夕食
今夜鎮法不用水火童等法、已是舊舎又住
此家移徙處、然尺仍省略耳、只用黄牛許女
房衛重侍所随身所饗食所々乞食等也吉平云
三个夜燈燭不可滅云々

直物小除目事
直物云々

除目

權大納言教通兼　權中納言兼隆　参議経通兼

権大納言教通 亜　権中納言兼隆　参議経通 亜
権帥行成 亜　左中弁定頼　右中弁経頼
左少弁資業　右少弁義忠 亜　縫殿頭保季 王
主税属大春日為賢　主殿頭貞利　修理権亮藤原宣憲
左兵衛佐資房
正五位下泰通 造殿宿門功

廿二日甲辰拂明大納言被示左中弁去弁申任八
座事彼息弁定頼必可任八座右府経通儀
依望申定頼事相違欲貞信公辞摘録為
関白之時被奏慶字否事見故殿御記欲下
送彼時御日記者付使奉送也　資房任左兵
衛佐事等宰相来言即向新相公許次可参
新大納言教通御許者小時帰可任丞相事家
人有疑気然而不實之事也右将軍先任丞

人有疑氣然而不實之事也右将軍先任思
相々次吾可任也又云攝政（頼）被辭退攝録可為
関白明年正月叙任除目攝於宿廬可被行
至京官除目於御前可被行者前備後守
政職云一昨日除目早旦依右中将公成頚事右
府被參入道殿而其事不許云々去夕以右中
将朝任被補藏人頭了近曽又被參已及両
度諸人不甘心云々一日被參攝録御宿所不
可然事也或云今日新大納言（兼隆）參左右両府
稱物忌閉戸云々新宰相又更借送新車并
雑具即付使送之夜部所送車月來乗用
車也一具志与了新宰相來相逢之間早致
拜礼了座清談次云昨日申攝政執命云至

拝礼了、座清談次云、昨日申摂政報命云、至
汝申旨論、唯可申入道殿者、仍馳参申事
由、已有許容、申給彼御書持参摂政（頼）御許、
随之被任也、四条（公任）大納言被参入、又定頼致周
意、参入門々有称驗饒者、而忽有此事、大
納言気色相変、早出者、宰相随身左兵衛
府資房、参来給随身等之禄、四人 先将参入
道殿、可令参内并宮々 太皇太后宮・皇太后宮・中宮・東宮 摂政（頼）
殿、至左右（頼宗）大臣并左大将（教通）皆許、不依労少、不
可令参者、借与細鈎平緒笏等、兵部卿気文
持来者、
宰相送菓子具鳥等、依移新舎歟、
初移新所日、家三人有慶賀事
昨初移新舎之日、一家三人有慶賀 参議経通 左中弁定頼

初移新所日一家三人有慶賀事

昨初移新舎之日一家三人有慶賀　参議経通　左中弁定頼
右兵衛佐資房　今日来賀感悦無極体所不改舊基
今新所造先祖正寝所経数年昨始移
従日有此慶等太物吉也孫有所思
今夜女房衛重侍所随身所等可饗食如昨夜
廿三日乙亥宰相云昨日随身資房参入之道
殿上御前被命雑事是恩言也給之綃随
身等次参宮々摂政殿上御前同給随身之

昨日摂政被上辞摂録表事

綃又云昨日摂政被上辞摂録之表有被収々
勅書又為関白之詔書也大納言公任卿承行
金曜　十八
廿四日丙午新宰相黄牛返遣給牛付童之綃
宰相来云一昨慶祢阿闍梨遷化　年六十七

中宮御仏名事

入夜宰相重来云参中宮御仏名又云今日

[中宮御仏名事]
入夜宰相重来云、参中宮御仏名、又云、今日
[被定荷前使事]
荷前外記国儀ゝ使上達部被申故障、致仕
大納言可被勤、雖不被定使申請勤仕、此外納言
皆被申故障、致仕人不可被行此事、須申関白
随仰左右、而詔書出後、未申吉事今始不可
申荷前使事者
[致仕大納言勤荷前使事]
荷前　致仕大納言懐忠 山階 申請勤仕之、参議
[懐忠卿勤山階使]
頼定 柏原 深草　通任 後田邑　朝経 後山階 宇治三
故障人ゝ余依移新居申障、大納言斉信、中納
言行成 依任大宰帥初従 此役可有忌歟　頼宗、参議公信
廿五日丁未、宰相来云、夜中宮御仏名、大夫斉信卿
源中納言経房、権大夫能信、亮成
荷前無上卿、参議行之歟、致仕大納言之不可行

荷前无上卿、参議行之歟、致仕大納言不可行
近代上卿不参事不聞耳、納言多候中宮御
仏名、而不被仰卿可行荷前事之由、如何、但関白
未従事之間、不申事由耳
廿六日、戊申、太皇大后宮属公中云、明日御仏名
可参入之由、入夜宰相来云、参入道殿・摂政殿
示明日入道殿懺法御読経始、上達部可参由
有命、左大将云、下官明日可参内、先参彼
殿御読経宜歟者、余所思者移新舎之後初
参彼殿御読経如何、猶先参内可宜乎、其
後参大宮御仏名可无忌歟、宰相承諾
廿七日、己酉、今朝奉幣吉田明神、移渡寝屋
後依可先神事奉幣、故殿渡給彼院[illegible]

後伝可先神事奉幣故殿渡給彼院塔
吉日先奉幣集明神伝彼例先奉幣家中
神事相果々参入道殿御読経入夜帰同車
参内（渡寝殿後 伝吉日参入）着陣以随身令見太皇太后宮
御仏名事帰来々右大臣一人候者小時参入
時刻推移権大夫頼宗参入其後卿相参入
打鐘令催僧等不幾参入余参上宮司（大進 頼国）問
通籍着御前座次々称如殿上儀次御導師
参上（三人）其儀如例後夜御導師誦錫杖々
間被綿次行香次余起座進簾下執禄（頼国 伝取）
（授々）給初夜御導師智行初夜御導師日歓
雖上臈先給当時御導師々例也次宮司
問上達部已下称名先是居火桶々後卿相

同上達部已下稱名、先是居火櫃々々後卿相
前居交菓子〔盛折敷居前板頻、無便宜可居物也〕、予始許事了退
出、參入卿相大納言齊信、中納言賴宗〔權大夫〕、經房、
參議通方、公信、資平、公信、行香以前早出、
廿八日、庚戌、昨日府射場始、今朝將曹正方持
來矢數〔矢數高右五〕、關白詔書覆奏外記史進持
來、加署返給、宰相隨身息左兵衛佐資房
來云、今日初可罷着於陣〔申若酉時〕、同車參内、
關白午剋參内云々、新大納言敎通、新宰相經
通初參大内云々、帥中納言〔行成〕初着政云々、新宰相〔經通〕
注書狀云々、初參無事、待被聽昇殿、則召御前、
被仰雜事、關白内大臣宜准攝政儀令行除
目官奏事々由被下宣旨、帥中納言承行也、今

（朱）關白内大臣准攝政儀可令行除目官奏事

官奏事

同官奏事、、由被下宣旨、帥中納言承行也、今
日有官奏、、者入夜宰相来、、関白申時許
自門出給、参会弁記北辺、退従自陽明門内退
帰参、関白御共卿相、、従（中納言行成 頼宗 実成 / 参議道方 頼定 朝経）
廿九日辛亥、東北院大般若経読始、恒例、従正月一
日奉始読、而朔日西会日、明日又同、仍自今日奉
令転読経、石塔須正月一日奉造供養、而日
次不宜、仍今日奉造供養
卅日壬子、今明物忌、依歳暮日不能閉門、蔵人
左少弁資業持来宣旨、（和泉国司申 / 請蔵人所召物事）即宣
下也、件文新司桐先日所下、、宣旨也、即覆奏
而昇進間不奏、付資業令覆奏、今被下宣
旨也

旨也
事觸後依例解除又奉幣諸神事相兼
（追儺事）
奉幣解除　事相〻今夜追儺〻亂仍可參
四條大納言（公任）　中宮權大夫（能信）　同〻亂而有
故障不可參由云〻爲之如何者答云上卿不
參者奏其由可隨仰參議一人行例若有其
退出後以書状〻追儺兩儀如何答〻追儺兩
儀忽不覺但延長二年雪王卿着深履立
庭中彼時諸卿〻無雨儀例云〻今廻思慮方相
立承明門壇上公卿可立其後歟經南廊安福
校書殿不壇上可度衛府歟雨脚滂沱者執
笠可度歟若經露臺西廊於呉竹後執笠
可宜歟（仰近衛府者令取笠持向竹後　可指歟依無前例新思案也）此間臨事相議

可宜歟（仰造諸府之令取笠持向竹後、可指歟、依無先例新思案也）此間臨事相議
可左右歟、雨脚不止、其儀難得、明旦可聞
戌剋許冒雨前大納言俊賢卿送書状云、只
（大宰府言上同高麗使日記異筆）
今日大宰府言上、同高麗使日記、對馬嶋
着流前國、彼國人廿人乘船已漂没、二艘僅
到着也、先日案令出見流来高麗人、不使申件
者、高麗人而不知其来由云、此尤可疑問、安
東護号中云、件府彼朝鎮東海府也、他府皆
改其号爲州也、彼府獨爲惣播府、仍所送牒
人也者、端書云、向對馬不被歸被送府事、極
奇議也、如案漂没可哀、者件事所示尤理也
種賢卿相所定也、彼日余不預参、後聞此定
前大納言聞此定、議雖可然、只縣大納言預彼

前大納言聞此定稱難可然之條大納言預彼
議余示此事所答有諾氣初陳海道難由
傍卿〻猶可召上府者不能遁執所同也者今
般定頗不宜前大納言〻〻彼定時似嘲僉議人亦
縁彼時案相當臨夜冒雨所馳示歟

翌日宰相〻〻新中納言能信參入有所勞不復
御前直退出宰相資平〻〻人度障不參外記
史不候但外記爲申上卿不候由參入聞日啟
此間能信卿參入〻〻
追儺事依有雨隙用晴儀〻〻雨儀例不殊
見
子時始許追儺依新屋不儺依世俗風

子時始許退儺依新屋不儺依世俗風

寛仁三年

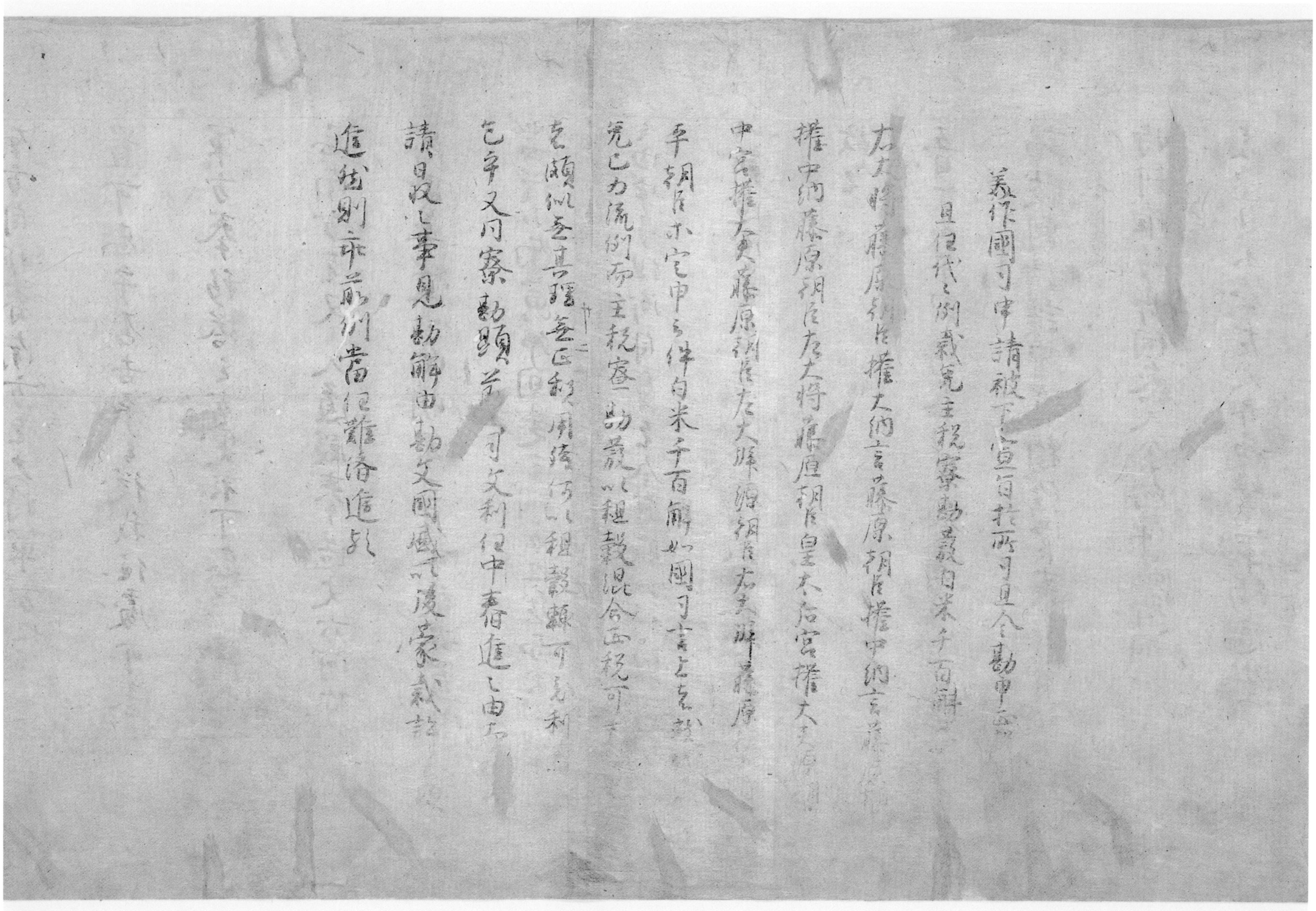

附載

加藤友康

甲巻二十二　寛仁三年春

栗皮色の新補表紙に、八双と長さ一二〇・〇センチ、幅〇・六センチの巻紐を付し、軸を付け巻子装に仕立ててある。本文は楮紙の料紙で四〇紙からなり、裏打ちが施されている。原表紙外題「寛仁三春」、端裏書「寛仁三年春」の書入れが第一紙裏に残り、紐には「小右記　二十二／寛仁三年春」と二行にわたり記された、縦約一〇・〇センチ（このうち約〇・六センチの紐との結び目をあわせて約三・〇センチが紙縒り状で紐に結ばれている）、幅約二センチの楮紙の紙片が結ばれている。また第一紙裏には「（朱書）廿八」と記された縦四・〇センチ、横二・八センチの紙片と「（朱書）ラ七拾八」と記された縦四・五センチ、横二・五センチの紙片が貼付けられている。軸は、軸長二九・二センチ、軸径一・六センチの朱漆塗木軸である。第一紙右端は破損しており、幅二・七センチの裏打紙を介して表紙に貼り継がれている。

天地に墨界線が施され、一部不鮮明な箇所があるものの本文全体にわたって折目の痕跡が残っている。山折りの痕跡をはさんだ線対称の位置や谷折りの痕跡をはさんだ線対称の位置に、また折目痕不鮮明ながら、山折り痕と山折り痕の中間の谷折りの位置と想定される箇所をはさんだ線対称の位置に虫損が以下の各紙に残されている。

○山折りの痕跡をはさんだ線対称の位置

第三紙・第五紙・第九紙・第一八紙・第一九紙・第二三紙・第二四紙・第二五紙・第二七紙

○谷折りの痕跡をはさんだ線対称の位置

第二紙・第七紙・第一二紙・第一三紙・第一五紙・第一六紙・第一九紙・第二二紙・第二三紙・第三九紙

○折目痕不鮮明ながら、山折り痕と山折り痕の中間の谷折りの位置と想定される箇所をはさんだ線対称の位置

第五紙・第六紙・第一四紙・第三二紙

これらのことはある時期に折本状になっていたことをうかがわせる。山折りと山折りとの間隔は概ね三八センチ台前半となっており、おおよそその半分ほどの幅の折本様になっていたと思われる。

第七紙の寛仁三年正月七日条は「七日乙丑在節会部」と記したあと、約一・〇センチの空白を置いて再び「同三年正月七日乙丑」と七日条が書き始められている。また、第一六紙の寛仁三年正月十八日条・十九日条のあと、約二・〇センチの空白を置いて再び「同三年正月十八日丙子」と十八日条が繰り返し書き始められている（このような「異例日付」と称される日付記載と部類作業の関連については、本集成第64冊所収の「解説」でふれる）。第二一紙の寛仁三年正月二十四日条と二十六日条との間に約一・五センチ、二十六日条と二十八日条との間に約一・〇センチ、第三五紙の寛仁三年三月六日条と十一日条との間に約四・〇センチ、第四〇紙の寛仁三年三月三十日条と末尾の「寛仁三年」の記載との間に約二・〇センチの空白がそれぞれ残されている。また第二三紙の寛仁三年二月三日条の書き出し一三字は行間に補書されている。

巻尾の第四〇紙は軸に直接巻き付けられ、軸に巻き付けられた料紙部分を含め余白部分は約三六センチとなっている。全巻一筆で朱書の首書・傍書、墨書の傍書が見られる。

なお、表紙・本文・補紙・軸の法量については、後掲の一覧を参照されたい（以下、各巻同じ）。

乙巻五　寛仁三年春

栗皮色の新補表紙に、八双と長さ八八・〇センチ、幅〇・五センチの巻紐を付し、軸を付け巻子装に仕

立てである。本文は楮紙の料紙で一四紙からなり、裏打ちが施されている。外題はないが、端裏書「寛仁三春」の書入れが残り、紐には「小右記　五／寛仁三年春／(朱書)五巻之内」と三行にわたり記された、縦約八・〇センチ（このうち約〇・六センチの紐との結び目をあわせて約三・〇センチが紙縒り状で紐に結ばれている）、幅約二センチの楮紙の紙片が結ばれている。軸は、軸長三〇・二センチ、軸径一・七センチの朱漆塗木軸である。

天地に墨界線が施され、一部不鮮明な箇所があるものの本文全体にわたって山折りと谷折りの折目の痕跡が残っている。このことはある時期に折本状になっていたことをうかがわせる。山折りと山折りとの間隔は概ね三七センチ台後半から三八センチ台前半となっており、おおよその半分ほどの幅の折本様になっていたと思われる。

巻尾の第一四紙は軸に直接巻き付けられ、軸に巻き付けられた料紙部分を含め余白部分は約三七センチとなっている。全巻一筆、墨書の首書・傍書が見られる。

甲巻二十三　寛仁三年夏

栗皮色の新補表紙に、八双と長さ一一四・五センチ、幅〇・六センチの巻紐を付し、軸を付け巻子装に仕立ててある。本文は楮紙の料紙で三一紙からなり、裏打ちが施されている。外題はないが、端裏書「寛仁三夏」の書入れが残り、紐には「小右記　二十三／寛仁三年夏」と二行にわたり記された、縦約九・〇センチ（このうち約〇・六センチの紐との結び目をあわせて約二・五センチが紙縒り状で紐に結ばれている）、幅約二センチの楮紙の紙片が結ばれている。また第一紙裏には「(朱書)二十九〔三〕」と記された縦三・八センチ、横二・八センチの紙片と「(朱書)ラ七拾九」と記された縦四・六センチ、横二・五センチの紙片が貼付けられている。軸は、軸長二九・二センチ、軸径一・六センチの朱漆塗木軸である。

天地に墨界線が施され、一部不鮮明な箇所があるものの本文全体にわたって折目の痕跡が残っている。第五紙・第一三紙・第一五紙・第一六紙・第一七紙・第一八紙・第一九紙・第二〇紙・第二二紙・第二三紙・第二四紙・第二五紙・第二六紙・第二七紙には谷折りの痕跡をはさんだ線対称の位置に、また第一七紙には折目痕不鮮明ながら、山折り痕と山折り痕の中間の谷折りの位置と想定される箇所をはさんだ線対称の位置に虫損が残されている。これらのことはある時期に折本状になっていたことをうかがわせる。山折りと山折りとの間隔は概ね三七センチ台後半から三八センチ台前半となっており、おおよその半分ほどの幅の折本様になっていたと思われる。

第四紙の寛仁三年四月十四日条と十七日条との間に約一・五センチ、第三一紙の寛仁三年六月二十九日条と末尾の「寛仁三年」の記載との間に約二・五センチの空白がそれぞれ残されている。

第一二紙裏には、寛仁三年五月三日条の藤原頼通が大宰府に下す太政官符に農事に励むべきことを加えさせたことに関連して、元慶二年四月二十八日の勅符と、記主藤原実資が「此勅書大優也、仍聊注付所々要句耳」とした記事を裏書の形で書写している（一二八頁に収録）。また第一五紙裏には、寛仁三年五月十五日条の東北院供僧を補任するにあたって藤原兼成に書かせた同日付の仰書を裏書の形で書写している（一二九頁に収録）。

巻尾の第三一紙は余白なく、料紙全体で縦二八・一センチ、横約三二・〇センチの補紙に貼り継がれており、補紙で軸付けされている。全巻一筆で朱書の首書・傍書、墨書の傍書が見られるほか、朱の抹消符を付したあと朱書あるいは墨書で傍書し本文の修正が施されている。

甲巻二十四　寛仁三年秋

栗皮色の新補表紙に、八双と長さ一二三・〇センチ、幅〇・六センチの巻紐を付し、軸を付け巻子装に仕立ててある。本文は楮紙の料紙で四一紙からなり、裏打ちが施されている。原表紙外題「寛仁三□〔秋カ〕」、「後一条」の書入れが第一紙裏に残り、紐には「小右記　二十四／寛仁三年秋」と二行にわたり記された、縦約一〇・〇センチ（このうち約〇・六センチの紐との結び目をあわせて約三・〇センチが紙縒り状で紐に結ばれている）、幅約二センチの楮紙の紙片が結ばれている。軸は、軸長二八・六センチ、軸径一・六センチの朱漆塗木軸である。

天地に墨界線が施され、一部不鮮明な箇所があるものの本文全体にわたって山折りと谷折りの折目の痕跡が残っている。第二四紙・第二七紙・第二九紙・第三三紙・第三八紙・第三九紙には谷折りの痕跡をはさんだ線対称の位置に虫損が残されている。これらのことはある時期に折本状になっていたことをうかがわせる。山折りと山折りとの間隔は、奥に行くにしたがって三九センチを超えるところもあるが、概ね三七センチ台後半から三八センチ台となっており、おおよその半分ほどの幅の折本様になっていたと思われる。

第四一紙の寛仁三年九月三十日条と末尾の「寛仁三年」の記載との間に約三・〇センチの空白が残されている。また第二紙の寛仁三年七月三日条に一六字、第八紙の寛仁三年七月二十日条に一九字の行間補書が見られるほか、第三六紙の寛仁三年九月十九日条の二〇字は行間に補書されている。

第五紙裏から第四紙裏にかけて、寛仁三年七月九日条の賀茂社に山城国愛宕郡の八か郷を寄進する記事に関連する寛仁二年十一月二十五日付の太政官符を裏書の形で書写している（一九六頁に収録）。また第一七紙裏から第一五紙裏にかけて、寛仁三年八月三日条の女真人追討に関わる藤原隆家の書状に添えられた寛仁三年七月十三日付の大宰府解と同日付の内蔵石女等申文を裏書の形で書写している（一九七〜二〇〇頁に収録）。

巻尾の第四一紙は軸に直接巻き付けられ、軸に巻き付けられた料紙部分を含め余白部分は約二一センチとなっている。全巻一筆で朱書の首書・傍書、墨書の頭書・傍書が見られるほか、朱の抹消符を付したあと朱書で、墨の抹消符・挿入符を付したあと墨書でそれぞれ傍書し本文の修正が施されている。また第一八紙には圏点を付したり勾点を付したあと行間に補書した箇所も見られ、第三七紙には朱書首書を擦消して重書した痕跡（もとの文字は判読不能）も残されている。

甲巻二十五　寛仁三年冬

栗皮色の新補表紙に、八双と長さ一二六・〇センチ、幅〇・六センチの巻紐を付し、軸を付け巻子装に仕立ててある。本文は楮紙の料紙で四〇紙からなり、裏打ちが施されている。原表紙外題「寛仁三冬」、端裏書「寛仁三年冬」の書入れが第一紙裏に残り、紐には「小右記　二十五／寛仁三年冬」と二行にわたり記された、縦約一〇・〇センチ（このうち約〇・六センチの紐との結び目をあわせて約三・〇センチが紙縒り状で紐に結ばれている）、幅約二センチの楮紙の紙片が結ばれている。また、第一紙は前欠で、幅五・九センチの裏打紙を介して表紙に貼り継がれているが、この裏打紙とそれに貼り継がれた第一紙裏にかけて、「(朱書)三十一〔二五〕」と記された縦三・七センチ、横三・三センチの紙片と「(朱書)ラ八拾壱」と記された縦四・七センチ、横二・五センチの紙片が貼付けられている。軸は、軸長二九・一センチ、軸径一・六センチの朱漆塗木軸である。

天地に墨界線が施され、一部不鮮明な箇所があるものの本文全体にわたって折目の痕跡が残っている。第一一紙・第一二紙・第一三紙・第一四紙・第一四紙から第一五紙にかけて、山折りの痕跡をはさんだ線対称の位置に、また第一九紙に谷折りの痕跡をはさんだ線対称の位置に虫損が残されている。これらのことはある時期に折本状になっていたことをうかがわせる。山折りと山折りとの間隔は概ね三八センチ台となっており、おおよそその半分ほどの幅の折本様になっていたと思われる。

第七紙の寛仁三年十月二十九日条と次行「十一月」との間に約二・五センチ、第四〇紙の寛仁三年十二月三十日条と末尾の「寛仁三年」の記載との間に約四・〇センチの空白がそれぞれ残されている。

第二二紙裏から第二一紙裏にかけて、寛仁三年十二月五日条の美作国司申請に関連する陣定の定文を裏書の形で書写している（二六四頁に収録）。

巻尾の第四〇紙は軸に直接巻き付けられ、軸に巻き付けられた料紙部分を含め余白部分は約二七センチとなっている。全巻一筆で朱書の首書・傍書、墨書の頭書・傍書が見られるほか、朱の抹消符を付したあと朱書で、墨の抹消符を付したあとで墨書でそれぞれ傍書し本文の修正が施されている。第二九紙には朱書の擦消（一つは、寛仁三年十二月十八日条の「二位宰相」に「道方」と傍書したものを擦消したものか。また一つは不鮮明で判読しがたいが、あるいは二十日条の首書「皇太后宮行啓事」を三行前の十九日条に記したものを擦消したものであろうか）の痕跡が残されている。

甲巻22

紙　数	A	B	C1	C2	C3	D
表　紙	27.9	31.2				0.9
裏打紙	27.8	2.7				(0.3)
第1紙	27.8	48.1	2.8	22.0	3.0	(0.3)
第2紙	27.8	52.9	2.8	22.0	3.0	0.2
第3紙	27.8	52.7	2.8	21.9	3.1	0.3
第4紙	27.9	52.8	2.7	22.0	3.2	0.3
第5紙	27.9	52.7	2.9	22.0	3.0	0.4
第6紙	27.8	52.8	2.9	22.0	2.9	0.3
第7紙	27.9	53.2	3.1	22.0	2.8	0.2
第8紙	27.8	52.9	2.8	22.0	3.0	0.2
第9紙	27.8	53.0	2.8	22.0	3.0	0.2
第10紙	27.9	53.0	3.0	22.0	2.9	0.2
第11紙	27.8	52.8	2.7	22.0	3.1	0.2
第12紙	27.9	52.8	2.8	22.1	3.0	0.3
第13紙	27.9	53.1	2.7	22.1	3.1	0.2
第14紙	27.9	52.9	2.6	22.0	3.3	0.2
第15紙	27.9	53.0	2.6	22.0	3.3	0.3
第16紙	27.9	53.1	2.6	22.0	3.3	0.2
第17紙	27.9	52.9	2.7	22.0	3.2	0.2
第18紙	27.9	52.9	2.7	22.0	3.2	0.3
第19紙	28.0	52.9	2.5	22.1	3.4	0.1
第20紙	28.0	52.9	2.6	22.0	3.4	0.2
第21紙	28.0	52.8	2.6	22.0	3.4	0.4
第22紙	27.8	52.4	2.6	22.0	3.2	0.2
第23紙	27.8	52.4	2.5	22.1	3.2	0.3
第24紙	27.9	52.5	2.5	22.0	3.4	0.2
第25紙	27.9	50.5	2.9	21.9	3.1	0.2
第26紙	27.9	50.5	2.5	21.9	3.5	0.3
第27紙	27.9	52.3	2.6	21.9	3.4	0.4
第28紙	27.9	52.7	2.5	21.9	3.5	0.3
第29紙	28.0	52.9	2.5	22.0	3.5	0.4
第30紙	27.9	53.0	2.5	21.9	3.5	0.3
第31紙	28.0	53.0	2.6	22.0	3.4	0.2
第32紙	27.8	52.8	2.4	21.9	3.5	0.5
第33紙	28.0	52.8	2.5	22.0	3.5	0.3
第34紙	27.9	52.8	2.6	21.9	3.4	0.3
第35紙	28.0	52.8	2.7	21.9	3.4	0.3
第36紙	27.9	52.8	2.6	21.9	3.4	0.3
第37紙	27.9	52.8	2.5	21.9	3.5	0.2
第38紙	28.0	52.7	2.6	22.0	3.4	0.2

法量表

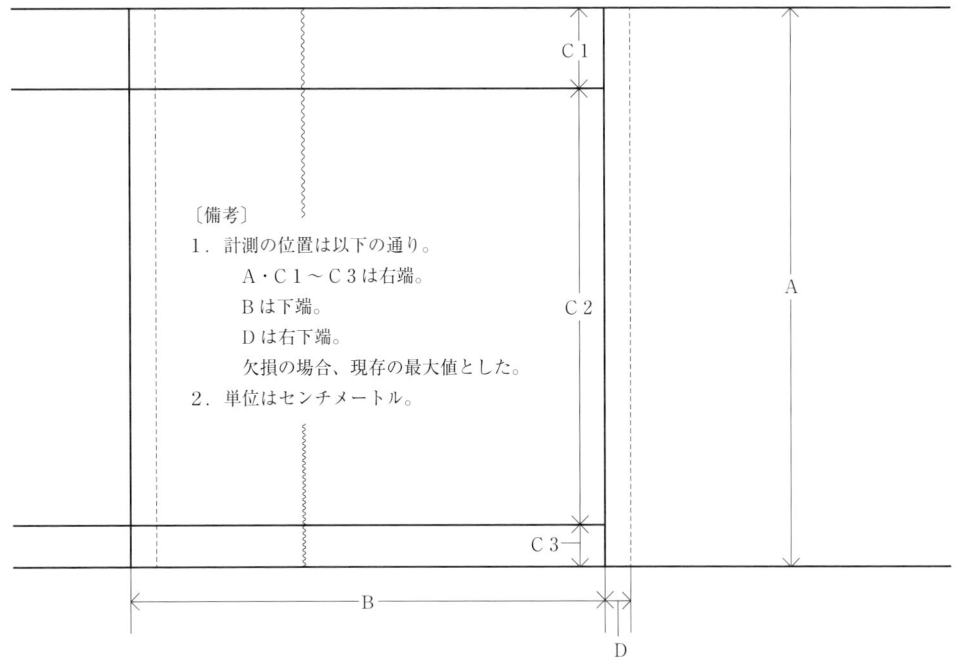

C 1
C 2
C 3
A
B
D
〔備考〕
1．計測の位置は以下の通り。
A・C 1～C 3は右端。
Bは下端。
Dは右下端。
欠損の場合、現存の最大値とした。
2．単位はセンチメートル。

甲巻23

紙　数	A	B	C1	C2	C3	D
表　紙	28.2	31.1				0.9
第1紙	28.0	(54.5)	2.8	21.9	3.3	0.4
第2紙	28.0	53.3	2.7	21.9	3.4	0.2
第3紙	28.0	53.3	2.8	21.9	3.3	0.3
第4紙	28.1	53.3	2.8	22.0	3.3	0.3
第5紙	28.0	53.3	2.9	21.9	3.2	0.2
第6紙	28.0	53.4	2.8	21.9	3.3	0.2
第7紙	28.1	53.5	2.8	21.9	3.4	0.2
第8紙	28.1	53.7	2.8	21.9	3.4	0.1
第9紙	28.0	53.6	2.9	21.9	3.2	0.2
第10紙	28.1	53.5	2.7	21.9	3.5	0.2
第11紙	28.1	53.4	2.8	21.9	3.4	0.2
第12紙	28.1	53.4	2.7	21.9	3.5	0.2
第13紙	28.0	53.5	2.8	21.9	3.3	0.1
第14紙	28.0	53.2	2.8	21.9	3.3	0.3
第15紙	28.0	52.7	2.8	21.9	3.3	0.2
第16紙	28.1	53.2	2.8	21.8	3.5	0.2
第17紙	28.1	53.3	2.8	21.8	3.5	0.3
第18紙	28.1	53.3	3.0	21.8	3.3	0.2
第19紙	28.1	53.5	2.8	21.9	3.4	0.2
第20紙	28.0	53.3	2.8	21.9	3.3	0.2
第21紙	28.0	53.1	2.8	21.9	3.3	0.4
第22紙	28.1	53.4	2.9	21.9	3.3	0.2
第23紙	28.1	53.3	2.8	21.9	3.4	0.2
第24紙	28.1	53.2	2.9	21.9	3.3	0.3
第25紙	28.1	51.5	2.8	22.0	3.3	0.3
第26紙	28.1	52.0	2.7	22.0	3.4	0.2
第27紙	28.1	53.0	2.6	22.0	3.5	0.3
第28紙	28.1	52.6	2.5	22.0	3.6	0.2
第29紙	28.2	53.0	2.7	22.0	3.5	0.3
第30紙	28.1	53.0	2.6	21.9	3.6	0.2
第31紙	28.1	52.3	2.6	22.0	3.5	0.5
補　紙	28.1	26.0				
軸　長	29.2					
軸　径	1.6					

＊補紙に軸付けされている。Bの数値は軸際まで。
＊第1紙のBは最大値。

(甲巻22のつづき)

第39紙	27.9	52.7	2.5	21.9	3.5	0.1
第40紙	27.9	42.0	2.4	22.0	3.5	0.6
軸　長	29.2					
軸　径	1.6					

＊第40紙に軸付けされている。Bの数値は軸際まで。
＊第1紙のBは最大推定値。裏打紙を含めるると49.1㎜。

乙巻5

紙　数	A	B	C1	C2	C3	D
表　紙	29.5	21.0				0.8
第1紙	29.4	47.1	0.9	24.7	1.8	0.4
第2紙	29.5	50.5	3.0	24.7	1.8	0.3
第3紙	29.5	50.3	3.0	24.7	1.8	0.3
第4紙	29.6	50.4	3.1	24.8	1.7	0.3
第5紙	29.6	47.3	3.0	24.8	1.8	0.3
第6紙	29.5	50.3	3.0	24.7	1.8	0.3
第7紙	29.5	50.4	3.0	24.8	1.7	0.2
第8紙	29.5	50.5	3.0	24.8	1.7	0.3
第9紙	29.6	50.3	3.0	24.8	1.8	0.3
第10紙	29.6	50.5	3.0	24.9	1.7	0.3
第11紙	29.6	50.3	2.9	25.0	1.7	0.3
第12紙	29.6	50.1	2.8	24.9	1.9	0.4
第13紙	29.7	50.4	3.1	24.9	1.7	0.2
第14紙	29.6	41.6	2.9	24.9	1.8	0.2
軸　長	30.2					
軸　径	1.7					

＊第14紙に軸付けされている。Bの数値は軸際まで。

甲巻24

紙　数	A	B	C1	C2	C3	D
表　紙	27.5	31.3				0.9
第1紙	(27.4)	52.5	2.7	21.9	(2.8)	0.5
第2紙	27.3	56.4	2.8	21.9	2.6	0.3
第3紙	27.3	56.9	2.8	21.9	2.6	0.3
第4紙	27.3	56.7	2.7	21.9	2.7	0.2
第5紙	27.3	56.7	2.6	21.9	2.8	0.3
第6紙	27.3	56.7	2.7	21.9	2.7	0.3
第7紙	27.3	56.7	2.5	21.7	2.9	0.4
第8紙	27.4	56.9	2.8	21.9	2.7	0.2
第9紙	27.3	57.1	2.7	21.9	2.7	0.2
第10紙	27.3	56.6	2.5	21.9	2.9	0.3
第11紙	27.4	56.6	2.7	22.0	2.7	0.4
第12紙	27.4	54.7	2.8	22.0	2.6	0.2
第13紙	27.4	57.0	2.7	22.0	2.7	0.2
第14紙	27.4	57.0	2.8	21.9	2.7	0.2
第15紙	27.4	56.8	2.8	22.0	2.6	0.2
第16紙	27.4	57.0	2.8	22.0	2.6	0.3
第17紙	27.5	56.9	2.8	21.9	2.8	0.3
第18紙	27.4	57.0	2.8	21.9	2.7	0.3
第19紙	27.4	56.9	2.9	22.0	2.5	0.3
第20紙	27.3	56.9	2.8	22.0	2.5	0.1
第21紙	27.3	55.8	2.7	22.0	2.6	0.3
第22紙	27.4	56.4	2.6	21.9	2.9	0.3
第23紙	27.4	55.0	2.7	22.0	2.7	0.3
第24紙	27.3	53.3	2.5	21.9	2.9	0.3
第25紙	27.5	54.1	2.6	21.9	3.0	0.2
第26紙	27.5	53.6	2.5	21.9	3.1	0.2
第27紙	27.5	54.3	2.6	21.9	3.0	0.2
第28紙	27.5	48.4	2.5	22.0	3.0	0.5
第29紙	27.4	50.3	2.5	21.9	3.0	0.7
第30紙	27.4	53.6	2.4	21.9	3.1	0.2
第31紙	27.5	53.7	2.4	21.9	3.2	0.3
第32紙	27.3	53.6	2.5	21.9	2.9	0.3
第33紙	27.4	53.0	2.5	21.9	3.0	0.4
第34紙	27.4	53.8	2.4	21.8	3.2	0.3
第35紙	27.3	54.3	2.5	21.9	2.9	0.2
第36紙	27.4	54.3	2.5	22.0	2.9	0.3
第37紙	27.5	54.0	2.6	22.0	2.9	0.4
第38紙	(27.4)	54.0	2.5	21.9	(3.0)	0.5
第39紙	27.4	54.2	2.5	21.9	3.0	0.2

（甲巻24のつづき）

第40紙	(27.4)	53.4	2.4	21.9	(3.1)	0.2
第41紙	(27.4)	44.6	2.5	21.9	(3.0)	0.2
軸　長	28.6					
軸　径	1.6					

＊第41紙に軸付けされている。Bの数値は軸際まで。
＊第1・38・40・41紙のA・C3は最大値。

甲巻25

紙　数	A	B	C1	C2	C3	D
表　紙	27.9	33.8				0.8
裏打紙	27.9	5.9				0.2
第1紙	27.9	54.2	2.9	21.9	3.1	0.2
第2紙	27.9	54.8	2.8	21.9	3.2	0.2
第3紙	27.9	54.5	3.1	21.8	3.0	0.2
第4紙	27.9	54.9	2.9	21.9	3.1	0.2
第5紙	27.9	54.8	2.9	21.9	3.1	0.6
第6紙	27.9	55.1	3.1	21.9	2.9	0.2
第7紙	27.9	55.2	3.1	21.9	2.9	0.3
第8紙	27.9	55.0	2.9	22.1	2.9	0.4
第9紙	28.0	55.2	2.9	22.0	3.1	0.2
第10紙	28.0	55.2	3.0	22.0	3.0	0.2
第11紙	28.0	55.0	3.2	21.9	2.9	0.2
第12紙	28.0	55.1	3.0	22.0	3.0	0.3
第13紙	28.0	55.2	3.1	21.9	3.0	0.3
第14紙	27.9	55.4	3.1	21.9	2.9	0.2
第15紙	28.0	55.2	3.0	22.0	3.0	0.2
第16紙	28.0	55.0	3.0	21.8	3.2	0.3
第17紙	28.0	55.1	2.9	22.0	3.1	0.3
第18紙	28.0	55.3	3.0	22.0	3.0	0.2
第19紙	28.0	55.3	2.9	22.0	3.1	0.2
第20紙	28.0	55.0	2.9	22.0	3.1	0.6
第21紙	28.0	53.8	3.2	22.0	2.8	0.4
第22紙	28.0	54.5	3.1	22.0	2.9	0.5
第23紙	28.0	54.6	3.2	21.9	2.9	0.3
第24紙	28.0	55.2	3.3	22.0	2.7	0.3
第25紙	28.0	55.0	3.1	22.0	2.9	0.2
第26紙	28.0	55.0	3.2	21.9	2.9	0.2
第27紙	28.0	55.0	3.4	21.9	2.7	0.2
第28紙	28.1	54.9	3.3	22.0	2.8	0.2

（甲巻25のつづき）

第29紙	28.0	54.8	3.0	21.9	3.0	0.2
第30紙	28.0	54.4	3.2	21.8	3.0	-
第31紙	28.0	54.5	3.3	21.8	2.9	0.5
第32紙	28.0	55.0	3.2	21.9	2.9	0.1
第33紙	27.9	55.0	3.2	21.9	2.8	0.2
第34紙	28.0	55.1	3.1	22.0	2.9	0.1
第35紙	28.0	55.2	3.2	22.0	2.8	0.1
第36紙	28.0	54.9	3.1	22.0	2.9	0.2
第37紙	28.0	54.9	3.2	22.0	2.8	0.4
第38紙	28.1	54.8	3.2	22.0	2.9	0.3
第39紙	28.0	54.9	3.1	22.0	2.9	0.3
第40紙	28.1	46.7	3.2	22.0	2.9	0.2
軸　長	29.1					
軸　径	1.6					

＊第40紙に軸付けされている。Bの数値は軸際まで。
＊第30紙のDは計測不能。

尊経閣善本影印集成 62
小右記(しょうゆうき) 七

発行 平成三十年五月二十五日
定価 (本体三三、〇〇〇円+税)
編集 公益財団法人 前田育徳会尊経閣文庫
東京都目黒区駒場四-三-五五
発行所 株式会社 八木書店古書出版部
代表 八木乾二
東京都千代田区神田小川町三-八
電話 〇三-三二九一-二九六九(編集)
-六三〇〇(FAX)
発売元 株式会社 八木書店
東京都千代田区神田小川町三-八
電話 〇三-三二九一-二九六一(営業)
-六三〇〇(FAX)
製版・印刷 天理時報社
製本 博勝堂

ISBN978-4-8406-2362-9 第八輯 第9回配本

Web https://catalogue.books-yagi.co.jp/
E-mail pub@books-yagi.co.jp